JN086529

空き家にしないために!!

戸建てのオーナーが
知っておきたい
家のルールと税金

人と家のセカンドライフ研究会
島袋典子 平田久美子 著

税務研究会出版局

はじめに

「一生に一度の高価な買い物」をして、やっと手に入れたマイホーム。ところが、大枚を叩いて手に入れた家が、いつの間にか家族のお荷物になって、ついには空き家になってしまう……そんな現実が、昨今大きな問題になっています。

家を買うときには、とかく資金の調達と家の間取りやデザインの方が気になってしまい、家に関わる様々な決まり事についてはよくわからないまま契約をしてしまいがちです。

例えば、家の建つ場所には都市計画法や建築基準法上、どのエリアでどのような制限があるのかを承知していないと、家族のライフステージが変化したときの増改築や建替え、用途の変更の際に大きな障害になる可能性があります。将来を見据えた選択をするために家や土地の基本的な知識は押さえておきたいものです。

空き家問題は相続問題と絡んで、より複雑になっていますが、自治体などでも空き家バンク等を通じて積極的に空き家の譲渡や有効活用に乗り出しています。そのような仕組みを知ることで家の余命が延びる可能性があります。

また、家のライフサイクルのいずれにおいても切り離せない税制については、年々複雑を極めていますが、持続可能な社会と環境づくりを意識したSDGs（持続可能な開発目標）のアクションにつながる制度に次々と改組されてきています。

例えば、住宅ローン控除制度における、長期優良住宅や省エネ住宅を優遇する措置、中古住宅の取得支援制度といった優遇措置が創設される一方、空き家の固定資産税等軽減措置の適用除外などアメとムチの両面から循環型社会の形成を促しています。

本書では、戸建てマイホームにターゲットを絞って、家を新築・購入す

るときから、保有している間、やがて売却や相続に至るまでの「家のライフサイクル」の視点から、各種制度や税制を軸にまとめたものです。第4章では、空き家活用の事例もいくつか紹介しました。

　執筆者の島袋と平田は共に大学で都市計画を学んだ同級生です。島袋はまちづくりの現場で活動中、平田は税理士として家や土地にまつわる取得や譲渡、相続など多くの相談に応じてきました。まちは人の住む家があってこそ、成り立ちます。「人と家がいきいきと輝くまちを未来につなげたい」「人生も家もロングライフに」そんな願いを込めた共著です。

　最後になりましたが、企画段階から校了まで大変お世話になりました上野恵美子様ほか税務研究会の皆様に心から感謝申し上げます。

2023年7月

人と家のセカンドライフ研究会

平田　久美子

第1章　戸建ての家を手に入れる

第2章　戸建ての家に住む

第3章　家と終活

第4章　家の活用

※本書の内容は、令和5年4月1日の法令　通達等に基づいています。

この本を活用していただくために～家生と記録～

　人の一生と家の一生は大いに関係があります。人の人生になぞらえて、本書では家の一生を「家生」ということにします。

　マイホーム購入を考えたきっかけとしては、多くの方が結婚や子どもの誕生・成長をあげているようです。家族が増え、出費も増えるときに家を買う決断をすると、長期間働いてローンを返済することになります。

　そして時は流れて、人生の節目や終末が家生にも影響を与えます。人は高齢になるにつれて家を管理する能力が衰え、病気になったり判断力を失うこともあるからです。そうなる前に、家の行く末のことを考えて、誰かに住み続けてもらえるように備えておきましょう。空き家になってからでは遅いのです。。

　そのために不可欠なのは、「記録」です。病院や薬局に初めてかかるときや健康診断のときに、問診票を書いたことがあるでしょう。体調や体質、今までどんな病気や手術をしたのかなどの病歴を書かされます。親兄弟の病気についても尋ねられます。それらの情報がなければ、診断を下したり治療を開始したりすることが難しいからです。家も同様です。

　マイホームのことを一番知っており、将来について決めるのは、その家のオーナーです。ですから、その家を取得するときからの家や土地に関する書類や図面、所有に関する証書など（P.59の表を参照）を保管し、変更や追加事項を記録しておくことが、様々なシーンで効いてきます。

　家にまつわるこれらの書類をひとまとめにしておき、保管場所を家族で知っておくことも、次への備えになります。

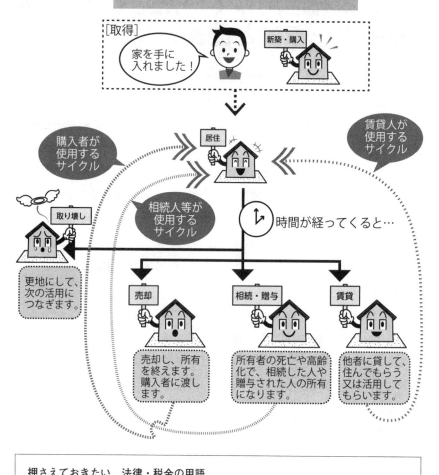

"家"のライフサイクル

押さえておきたい　法律・税金の用語

取得：譲渡の反対の意味で、購入や贈与、相続、建築等によって手に入れること。

譲渡：権利や財産、法律上の地位などを譲り渡すこと。無償の場合も含まれるが、
（売却）　一般的には有償の取り引きを示す。

相続：亡くなった人が持っていた財産上の権利や義務を特定の人が引き継ぐこと。

贈与：権利等を無償で譲り渡す行為。

遺贈：遺言で特定の人に遺産を引き継がせること。

2

［タイプ別］こんな方におすすめ！

これからマイホーム！ Aさん

- そろそろ、戸建ての家を購入したいと検討中。
- 家そのものの費用の他に税金がどのくらいかかるかも気になっている。

マイホームエンジョイ中 Bさん

- 現在、戸建ての家に住んでいる。
- メンテナンスやリフォームの必要性を感じているが、多大な出費は避けたい。

終活世代 Cさん

- 夫婦（または単身）で居住中。健康と家の行く末が心配。
- 自分の家があるが、親が所有する家（実家）もあり、その行く末が心配。

空き家所有 Dさん

- 親から相続した家がある。
- 自分の持ち物だがもう何年も住んでいない家が遠隔地にある。

第1章

戸建ての家を
手に入れる

この章では、「これからマイホーム！のAさん」のような方々が、戸建ての
マイホームを取得するまでの手順をまとめました。
家には、住まいとしての機能を発揮するために、場所や建物の条件によって、
様々なルールがあります。
さらに、マイホームを取得するための資金や税金のことも考えておく必要
があります。

[この章でわかること]
1　戸建てのマイホームを取得
2　土地の環境と建築条件
3　住宅取得の契約と登記・税金
4　中古住宅（既存住宅）購入の場合
5　住宅資金と保険・税金

1 戸建てのマイホームを取得

　マイホームを持とうと思い立ったら、どこがいいのか、どんな家がいいのか、情報収集をするでしょう。現地やモデルハウスを見に行ったり、オープンハウスに参加するなどしながら、具体的な家のイメージや場所、予算などを考えていきます。

❶ 戸建てマイホームの持ち方

　戸建てマイホームの持ち方としては、以下のような場合が考えられます。
　それぞれの説明に頻出する重要事項説明書についてはP.20、建築確認についてはP.16を参照してください。

① **土地を購入してから、家を建築する場合**

　土地の条件と建てたい家の条件をすりあわせながら土地探しをします。更地の上に建物のある姿を想像することは難しいので、建築士と相談するのが有効でしょう。

② **既に持っている土地に家を建てる場合**

　設計事務所や工務店、ハウスメーカーに依頼しますが、その宅地にどんな条件があるのか、土地を購入した際の重要事項説明書を確認しましょう。親族の土地を分筆した場合などで重要事項説明書がない場合は、建築設計を依頼する際に調査してもらいましょう。市役所等で自分で調べることもできます。

③　**建築条件付きの分譲地を購入し、家を建てる場合**

　宅地分譲では、建築する事業者が決まっている建築条件付きの場合が多く見られます。その宅地にどんな条件があるのか、購入の際の重要事項説明書に記されています。建築士と設計の相談をするときに、建築基準法などの説明を受けておきましょう。

④　**建売分譲の場合**

　既に建物が建っていたり、建てる家の仕様が決まっています。購入するときには、重要事項説明書と建築確認関係の書類があるかを確認し、説明を受けましょう。

⑤　**中古住宅を購入の場合**

　購入のときには、重要事項説明書と建築確認関係の書類があるかを確認し、説明を受けましょう。土地の境界が確認できる図面等（P.8　ワンポイントアドバイス参照）の入手も忘れてはなりません。増築工事が行われている家屋などは、検査済証と現況建物の面積が異なっていたりしますので、違法建築となっていないか、入念にチェックする必要があります。

⑥　**既存住宅を相続する場合**

　相続手続きのときに建築確認関係の書類がそろっているかを確認しましょう。これらの書類がない場合は、市役所等で自分で調べることができます。

　既に建物がある④⑤⑥の場合は、どんな建築制限を受けているのか、あまり気にならないかもしれません。しかし将来、増改築や売買・賃貸などを検討する際には、重要なことです。どの場合でも土地と建物に関する条

件を把握し、それを記した書類を引き継ぎます。土地と建物に関わる法律については、P.14を参照してください。

　また、宅地は、自己所有の場合もあれば、借地の場合もあります。借地には土地の所有権はありませんが借地権があります（下表参照）。土地や建物の売買、登記などの手続きや税制については第1章P.19〜、第2章P.58〜、住宅の相続や贈与については、第3章をご参考ください。

所有権と借地権　違いと種類

所有権	借地権		
法令制限の範囲内であれば自由に土地を利用することができる権利。土地に対する固定資産税・都市計画税を支払う義務が生じる。	建物を所有する目的のために対価（地代）を払って他人から土地を借りる権利。借地契約を締結する。個人にかかわる主なものは以下の通り。		
	普通借地権	一般定期借地権	建物譲渡特約付借地権
	借地契約期間30年以上初回更新では20年以上2回目以降は10年以上	借地契約期間50年以上更新なし	借地契約期間30年以上更新なし

★ **ワンポイントアドバイス** ★

境界確認

　土地の売買の際には、その土地の形状や面積、境界について明示した測量図等が原則として必要である。法務局で入手できる地積測量図（土地登記簿に添付されている公的な図面）、または地権者が保有している確定測量図（隣接地の所有者の了解のもと境界を決めて作った測量図）が該当する。現況測量図は、隣接地の所有者の了解を取らずに作られているため、土地の売買には使えない。

2　土地の環境と建築条件

　家がどんな場所に建つのか、建っているのか、その環境を把握することは最も重要です。そして、そこの環境に即した家は安全で便利で快適なものになるはずです。都市計画法、建築基準法、自然環境、インフラそれぞれの面から、宅地の環境について説明します。

＜家を所有するときに確認したいこと＞

❶ 都市計画と宅地

　住みたい環境が市街化の進んだエリアなのか、郊外の開発中のエリアなのか、自然豊かな農村部なのかを考えながら候補地探しをしていきますが、将来そこがどういう場所になるかは、地域の都市計画と関係します。その宅地が都市計画に基づいてどういう指定・制限を受けるのかや、道路をはじめとした都市施設の整備状況や計画についても知っておきましょう。自治体ごとに立てられた「都市計画マスタープラン」が各ホームページで見られます。

　土地には都市計画法によって以下のような指定があり、それによって建築の制限が生じます。通常１つの土地に複数の指定が重なっています。指定された場所は「都市計画図」に示されており、自治体の役所やホームページで見ることができます。

① 　都市計画区域

　都市の将来あるべき姿を想定し、必要な規制、誘導、整備を行い都市を適正に発展させようとする都市計画を定めたエリアを「都市計画区域」、それ以外を「都市計画区域外」といいます。

（注：区域外だが将来の都市整備に備えて制限のある「準都市計画区域」も指定されることがあります）

② 　区域指定

　「都市計画区域」内を「市街化区域」か「市街化調整区域」に分けることを「線引き」といいます。「市街化区域」は、既に市街化している、または10年以内に市街化が進められるエリアであり、反対に「市街化調整区域」は、建物の建設などを制限して市街化を抑制するエリアです。

（注：「市街化区域」か「市街化調整区域」かが決まっていない「非線引区域」
がある場合もあります）

③　**用途地域**

　「市街化区域」内は13種類に分類された「用途地域」が定められ、そ
れぞれに土地の利用用途の制限を設けることにより、用途の混在から起
こるトラブルを未然に防いでいます。

　（参考：用途地域一覧表P.12）

④　**地域地区**

　「都市計画区域」内に、特別な条件を設けて望ましい都市づくりを誘
導するエリアを定める「地域地区」制度もあります。「用途地域」もそ
のひとつであり、合計21種類の「地域地区」があります。

　（参考：地域地区一覧表P.13）

⑤　**地区計画等**

　市町村が条例により特定の地区のために定める「地区計画」「防災街
区整備地区計画」「沿道地区計画」「集落地区計画」「歴史的風致維持向
上地区計画」は、その地区の特性に応じたルールです。

用途地域一覧表

種類	建築できる建物の種類
第一種低層住居専用地域	戸建てなどの住宅、小規模な店舗や事務所兼用住宅、クリニック、小中学校など
第二種低層住居専用地域	第一種低層住居専用地域に建築できるものに加え、150㎡以下の店舗や事務所など
第一種中高層住居専用地域	中高層マンション、病院、大学、500㎡以下の店舗や飲食店など
第二種中高層住居専用地域	第一種中高層住居専用地域に建築できるものに加え、1,500㎡以下の一定の店舗、事務所、利便施設など
第一種住居地域	住宅、3,000㎡以下の店舗、事務所、運動施設など
第二種住居地域	住宅、10,000㎡以下の店舗、飲食店、事務所、ホテル、カラオケボックス、展示場など
準住居地域	住宅、10,000㎡以下の店舗、展示場、遊技場、客席部分が200㎡未満の劇場など
田園住居地域	150㎡以下の店舗や、500㎡以下の農産物直売所、農家レストランなど
近隣商業地域	住宅、近隣住民が日用品の買い物などをするための店舗、小規模工場など
商業地域	近隣商業地域に建築できるものに加え、銀行、映画館、飲食店、百貨店など
準工業地域	危険物を取り扱わない工場、住宅、学校、大規模な店舗など
工業地域	どんな工場でも建てられる。住宅・アパート、10,000㎡以下の店舗も建てられるが、学校・病院・ホテルは建てられない
工業専用地域	工場のための地域。住宅・学校・病院・ホテルは建てられない

注：「準都市計画区域」「非線引区域」も用途地域を定められていることがある

地域地区一覧表

種類	法律
用途地域	都市計画法第8条第1項
特別用途地区	都市計画法第9条第14項
特定用途制限地域	都市計画法第9条第15項
特例容積率適用地区	都市計画法第9条第16項
高層住居誘導地区	都市計画法第9条第17項
高度地区または高度利用地区	都市計画法第9条第18項、第19項
特定街区	都市計画法第9条第20項
都市再生特別地区、居住調整地域、居住環境向上用途誘導地区または特定用途誘導地区	都市再生特別措置法
防火地域または準防火地域	都市計画法第9条第21項
特定防災街区整備地区	密集市街地における防災街区の整備の促進に関する法律
景観地区	景観法
風致地区	都市計画法第9条第22項
駐車場整備地区	駐車場法
臨港地区	都市計画法第9条第23項
歴史的風土特別保存地区	古都における歴史的風土の保存に関する特別措置法
第一種歴史的風土保存地区または第二種歴史的風土保存地区	明日香村における歴史的風土の保存及び生活環境の整備等に関する特別措置法
緑地保全地域、特別緑地保全地区または緑化地域	都市緑地法
流通業務地区	流通業務市街地の整備に関する法律
生産緑地地区	生産緑地法
伝統的建造物群保存地区	文化財保護法
航空機騒音障害防止地区または航空機騒音障害防止特別地区	特定空港周辺航空機騒音対策特別措置法

❷ 建築と法令

　都市計画によって定められた前述の様々な地域指定に対応して、建築基準法等によって建築物の規模に関する制約（建ぺい率、容積率、高さ制限など）が決められています。

　また、建物を建てる土地が道路に面する「接道義務」や、建築基準を満たした建築物であるかを工事前に確認する「建築確認制度」などもあり、法令に則った建物や建て方となるよう図られています。万が一違反している場合は、是正するよう行政指導を受けたり、金融機関でローンが組めなかったり、固定資産税が正しく評価されないなど、資産価値に大きな影響を及ぼします。

① **建ぺい率**

　敷地面積に対する建物の建っている面積の割合。敷地の何％に建物を建てられるかを表す。

② **容積率**

　敷地面積に対する建物の延べ床面積の割合。延べ床面積は建物の各階の床面積の合計。敷地に対してどれくらいの空間を使えるかを表す。

③ **高さ制限**

　隣接した道路や建物への日当たりや風通し、圧迫感を考慮し、絶対高さ制限（地面から建物の一番高いところまでの高さ）、斜線制限（道路斜線・北側斜線・隣地斜線）が定められている。

④ **接道義務**

　建築基準法により、建築物の敷地は、幅員４m以上の道路に２m以上接していなければならない。

　建築基準法上の道路は以下のような種類があり、敷地面積や私道の固定資産税等に影響する場合があるので、注意を要する。

　【42条１項１号道路】道路法による幅員４m以上の道路(国道・県道・市道などの公道)

　【42条１項２号道路】都市計画法や土地区画整理法などに基づいて作られた幅員４m以上の道路

　【42条１項３号道路(既存道路)】建築基準法施行時に幅員４m以上あった道路

　【42条１項４号道路（計画道路）】都市計画事業などが２年以内に予定されており行政から指定された道路

　【42条１項５号道路（位置指定道路）】建築物の敷地用に民間が申請を行い、行政の指定を受けて作られた私道。共有名義、分割所有、地主等所有の場合がある

　【42条２項道路（みなし道路）】建築基準法施行時に家が立ち並んでいた1.8m以上４m未満の道で、一定条件のもと行政が指定した道路。道路の中心線からの水平距離２mの線が、その道路の境界線とみなされ、新たに建築する際にはセットバックが必要。土地の面積からセットバック部分を差し引いた面積を敷地面積として、建ぺい率・容積率を算定する

　【43条但し書き通路（43条２項２号）（協定道路）】建築基準法第42条に定める道路には当てはまらないが、第43条第１項但し書きの適用を受けたことがある建築物の敷地が接した道

⑤　建築確認制度

　建築物を建築する場合（増改築を含む）に、建築主は、工事着工前に自治体の窓口や認定機関に建築確認申請をする。提出した図面等によって建築基準法に適合しているかが確認され、「確認済証」が交付されると建築工事に着手できる。工事完了時には完了検査を受け「検査済証」が交付される。特定工程に指定された工程がある場合は中間検査が行われ「中間検査合格証」が交付される。これらの設計と工事監理者には建築士が当たらなければならない。「確認済証」「検査済証」と提出図面等は、その家屋の構造や性能を証明する重要な書類であるため、必ず保存すること。建売住宅や中古住宅を購入する場合や相続・贈与の場合は、「確認済証」「検査済証」のあることを確認し受け取ること。

　なお、市街化調整区域の場合は、建築行為が制限されているため、建築確認以前に建築が可能か自治体への事前相談が必要となる。

建てられるものは
法律で
決まっています

❸ 自然環境

　マイホームを持つ場所として、自然の豊かな場所を好まれる方もいるでしょう。「❶都市計画と宅地」の項では周囲の市街地としての将来性を判断するように書きましたが、あまり開発の進まない場所を好む場合でも「都市計画マスタープラン」などを参考に検討しましょう。

　天災の多い日本では、自然災害のリスクの少ない土地を選びたいものです。そのためには、自治体ごとに作成されたハザードマップや、国土交通省の「重ねるハザードマップ」を参考にしましょう（※1）。地点ごとの災害発生リスクと、自治体が講じている災害対策について把握できます。

　建物を建築するうえでは、地形や地盤、自然災害のリスクを考慮した設計を行うことが重要ですが、見えにくいのが地盤です。建築前に地盤調査を実施することが建築基準法で義務付けられていますが、候補地すべてで地盤調査を行うことは不可能です。公開されているデータがありますので、参考にしましょう（※2）。

（※1）

国土交通省「ハザードマップポータルサイト」（https://disaportal.gsi.go.jp/index.html）からは「重ねるハザードマップ」と市町村のハザードマップにアクセスできる

（※2）

国土地盤情報検索サイト"KuniJiban"（https://www.kunijiban.pwri.go.jp/jp/）

一般財団法人国土地盤情報センター（https://ngic.or.jp/）

❹ インフラ

　そこに住んで生活をするための基盤となるインフラの整備状況も調べましょう。

　近隣の公共施設や商業施設、道路などは、現地で周辺をまわってみれば、ある程度把握できますが、ライフラインと呼ばれる電気、上下水道、ガスについては、見て判断するのは難しいため、物件の販売者に整備状況を確認します。

　分譲地（宅地開発などで広い土地を区画に分けて販売される土地）の場合は、これらが敷地内に引き込まれた状態で販売されているので、引き込み工事費は土地の価格に含まれています。

　しかし、一般の宅地を購入して建築する場合は、インフラを自宅に引き込むための費用が別途発生することが考えられます。不動産業者に確認しましょう。引き込むには、水道や都市ガスの本管がどこまできているのかを確かめ、引き込むルートを決めて工事費を積算しますが、本管からの距離が長いほど工事費がかさみます。電気や通信ケーブルは、どこの電柱から引き込むのか（地中埋設の場合もあります）によって工事方法が異なり、負担額が変わります。ライフライン供給者から情報収集したり、建築士や施工業者と相談をして、土地の価格にインフラ工事の費用も加えて予算を考えることが必要です。

3　住宅取得の契約と登記・税金

　マイホームの持ち方を決めたら、取り扱う事業者との契約や、取得する手続きが始まります。担当者や専門家の説明では、聞き慣れない用語も多いですが、あやふやなままにせず質問しましょう。

❶ 購入の手順

　購入する土地や家を扱う事業者（不動産業者、ハウスメーカー等）や、設計・建築を依頼する事業者（ハウスメーカー、工務店、設計事務所）を決めたら、申し込みをして契約に移りますが、戸建てマイホームの持ち方（P.6を参照）によって以下のように手順が異なります。

　なお、土地の購入に関しては、選定した土地の境界の現地確認を行い、越境物や既存建屋、地中埋設物がないかを確認してから契約します。

＜戸建てマイホームの持ち方　ケース別の手順＞
①土地を購入してから、家を建築する場合
　　➡土地の選定・確認をしたうえで土地を購入する売買契約を結び、その後設計や建築のための請負契約を結びます。
②既に持っている土地に家を建てる場合
　　➡設計や建築のための請負契約を結びます。
③建築条件付きの分譲地を購入し家を建てる場合
　　➡土地の選定・確認をしたうえで土地を購入する売買契約を結び、その後、設計や建築のための請負契約を結びます。
④建売分譲の場合
　　➡土地と建物の売買契約を結びます。

❷ 土地・建物の売買

　土地や建物の売買契約では、宅地建物取引業法により宅地建物取引士の国家資格を持つ者が、買主に対して契約前に対面で（オンラインも可）重要事項説明を行うように定められています。その際に宅地建物取引士が買主に渡すのが重要事項説明書です。

　売買契約や重要事項説明では専門用語が多く、契約当日にいきなり説明を受けても理解することが難しいかもしれません。事前に契約書や重要事項説明書のコピーをもらっておいて不明点等を伝えておき、納得のいく契約をすることが大切です。

重要事項説明書（売買・交換）の内容〈国土交通省参考書式より〉

・宅地建物取引業者、宅地建物取引士の表示

・取引の態様（売買・交換、当事者・代理・媒介）

・物件の表示（所在地、地目、面積等）、売主の表示

Ⅰ　対象となる宅地又は建物に直接関係する事項

1 登記記録に記録された事項

2 都市計画法、建築基準法等の法令に基づく制限の概要

3 私道に関する負担に関する事項

4 飲用水・電気・ガスの供給施設及び排水施設の整備状況

5 宅地造成又は建物建築の工事完了時における形状・構造等（未完成
　物件のとき）

6 建物状況調査の結果の概要（既存の建物のとき）

7 建物の建築及び維持保全の状況に関する書類の保全の状況（既存の
　建物のとき）

8 当該宅地建物が造成宅地防災区域内か否か

---

9 当該宅地建物が土砂災害警戒区域内か否か

10 当該宅地建物が津波災害警戒区域内か否か

11 水防法の規定により市町村の長が提供する図面（水害ハザードマップ）における当該宅地建物の所在地

12 石綿使用調査の内容

13 耐震診断の内容（※）

14 住宅性能評価を受けた新築住宅である場合

Ⅱ　取引条件に関する事項

1 代金及び交換差金以外に授受される金額

2 契約の解除に関する事項

3 損害賠償額の予定又は違約金に関する事項

4 手付金等の保全措置の概要（業者が自ら売主の場合）

5 支払金又は預り金の保全措置の概要

6 金銭の貸借のあっせん

7 担保責任（当該宅地又は建物が種類又は品質に関して契約の内容に適合しない場合におけるその不適合を担保すべき責任）の履行に関する措置の概要

8 割賦販売に係る事項

Ⅲ　その他の事項

1 供託所等に関する説明

（※）　現在の宅地建物取引業法では、昭和56（1981）年5月31日以前に建築確認を受けた建物（旧耐震基準）については、耐震診断の有無や耐震診断の記録について説明するよう義務づけられている。

❸ 設計や施工のための契約

　建売のようにでき上がった家や設計が決まっている家を土地付きで購入するのではなく、保有もしくは新たに取得した土地に一から家づくりを行う「注文住宅」の場合は、建物の設計・建築のための契約を結びます。

　建築確認制度では、建築確認申請を行うためには建築士が設計し工事監理をすることが条件ですので、まず誰が設計するかを決めなくてはなりません。

　ハウスメーカーや工務店に設計から施工までを依頼する場合は、工事請負契約を結んだ会社の建築士と建築プランを相談しながら、設計が進みます。完成までの流れはP.25の図のようになります。

　工事請負契約では、①請負代金、②工期、③建物構造・仕様、④遅延違約金、⑤紛争トラブルに関する条項、などが定められます。

　大きなお金が動きますので、資金計画を綿密に立てて、発注者としても支払いを確実に履行するとともに、工事遅延のない信用力のある建設業者を選ぶことが肝要です。建築中に請負者が倒産するなどして、工事が続けられないといったリスクに備えて、「住宅完成保証制度」を利用することも検討してはいかがでしょう。

　また、設計を設計事務所の建築士に依頼し、施工は工務店等に頼む場合は、設計と工事監理は設計事務所に依頼する業務委託契約を、施工業者とは工事請負契約を結びます。事前相談によって決めた設計事務所と業務委託契約を締結した後、基本設計・実施設計と段階を踏んで設計図書（※）を揃えて建築確認申請をする一方、その設計どおりに建築するための見積りをとって施工業者を選定します。施工業者と工事請負契約を結び工事が始まってからも、引き渡すまで建築士が工事を監理します。

（※）　設計図書とは、注文住宅や建売住宅などの建築工事に必要な設計図や書類のこと。工事請負契約や建築確認申請に必要な書類であり、建築物の構造や規模によって異なるが、付近見取図、配置図、平面図、断面図、矩計図、仕様書、設備図などが含まれている。譲渡や増改築の際には絶対必要なものなので、建物とともに必ず入手し、保管しておこう。設計をした建築士事務所でも、建物の構造の安全性に関わる図書を15年間保存することが義務づけられている。

★☆ **ワンポイントアドバイス** ☆★

住宅完成保証制度

　住宅建築業者の倒産などで工事が中断されてしまった場合に、住宅が完成するように保証する制度。制度の対象である場合は、工事費用の追加負担や前払い金の損失が一定割合保証され、工事を引き継ぐ建築業者の斡旋を受けることができる。制度の対象となるのは、中小建築業者が建設する新築一戸建住宅（個人発注、併用住宅可）で、構造は問わない。工事を依頼する建築会社が制度に加入しているかどうかは、直接尋ねるか、制度を運営している保証会社のホームページで検索することができる。

注文住宅の一般的な流れ
（設計と建築をセットで依頼する場合）

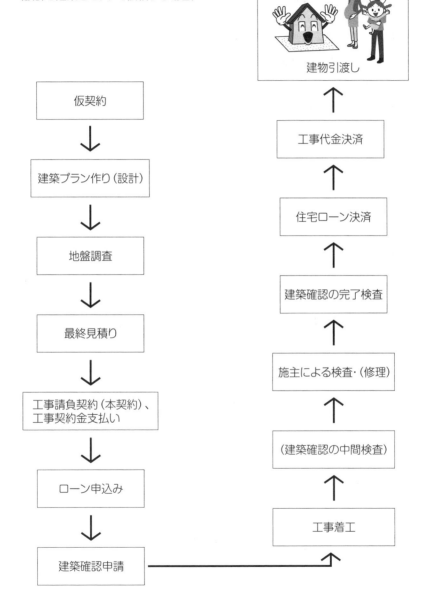

仮契約

↓

建築プラン作り（設計）

↓

地盤調査

↓

最終見積り

↓

工事請負契約（本契約）、
工事契約金支払い

↓

ローン申込み

↓

建築確認申請 ────→

工事着工

↑

（建築確認の中間検査）

↑

施主による検査・（修理）

↑

建築確認の完了検査

↑

住宅ローン決済

↑

工事代金決済

↑

建物引渡し

❹ 契約と印紙税

　不動産の売買契約書や工事請負契約書には印紙（税）が必要です。印紙税額は、契約書に記載されている契約金額によってP.27のとおり定められています。

　印紙税は契約書など課税文書に貼って消印することで納めるものです。消印しなかった場合は、消印しなかった金額と同額の罰金（過怠税）がかかりますので注意が必要です。また、もし印紙を貼っていないような場合、本来の印紙税額の3倍の過怠税がかかる、とても厳しい税です。

　ただし印紙税は、現物（紙）の課税文書に対して課税されるものですので、電磁的記録に変換した媒体を電子メールで送信した場合は、課税文書を作成したことにはならないため、印紙税は課税されないと解釈されています。建設工事の請負契約においても、建設業法第19条で従来、書面による請負契約書の交付が義務付けられていましたが、改正により契約の相手方の承諾を得て電子的な方法により交付することも許容されることになりました。

　ペーパーレス化の流れで、多くの商取引が電子取引で完結しつつあるところ、印紙税が今後どのように機能していくのかをはじめ、電子的な記録をどのように保存し、引き継いでいくのか、注目されます。

不動産の譲渡（売買）契約書、建設工事の請負契約書の印紙税額

課税標準		不動産の譲渡契約書（軽減後の税率（※））	建設工事の請負契約書（軽減後の税率（※））
契約金額・受取金額の記載のあるもの（1通につき）	1万円以上　50万円以下	200円	200円
	50万円超　100万円以下	500円	
	100万円超　200万円以下	1,000円	
	200万円超　300万円以下		500円
	300万円超　500万円以下		1,000円
	500万円超　1,000万円以下	5,000円	
	1,000万円超　5,000万円以下	10,000円	
	5,000万円超　1億円以下	30,000円	
	1億円超　5億円以下	60,000円	
	5億円超　10億円以下	160,000円	
	10億円超　50億円以下	320,000円	
	50億円超	480,000円	

（※）　印紙税の軽減税率は令和6年3月31日まで。

❺ 登記とは

　登記とは、重要な権利や義務などを社会に公示するための制度です。法務局が事務を取り扱っており、申請することで記録を作ったり、記録を見たり、コピーを入手することができます（※１）。戸籍によって国民としての権利が守られるように、資産や法人等を登録する登記制度により、財産権等が主張でき、取引等を円滑に行うことができます。

　不動産の登記記録は、「表題部」と「権利部」で構成されています。表題部は、不動産の物理的現況を記載する部分で、土地の場合は土地の所在地、地目、面積などが、建物の場合は建物の所在地、家屋番号、種類、構造、床面積などが記されます。権利部は、その不動産の所有者や担保の有無などの権利関係が記載されます。

　では、取得したマイホームの土地と建物の登記について説明します。

　新築の場合は、まず「建物表題登記」が必要です。新しく建物ができたので表題部を作る、出生届のようなものです。完成後１か月以内に申請することが義務づけられており、申請手続きは土地家屋調査士が代行します。申請のために様々な書類が必要になるので（※２）、販売業者や施工業者側でとりまとめて土地家屋調査士に依頼する場合が多いでしょう。

　その後、初めての所有者として「所有権保存登記」の申請を行います。こちらを代行できるのは、司法書士や弁護士です。登記が完了すると、権利部甲区に、最初の所有者として住所、氏名が記されます。

　土地や建物を売買契約で取得した場合は、不動産の所有者が変わったという「所有権移転登記」の申請をします。既に表題のある土地や建物の権利部甲区に、新たな所有者として追加されます。

　また、住宅ローンを利用した場合は「抵当権設定登記」を行い、権利部乙区に借入先の金融機関名と権利が記されます。後にローンを完済したら、

第1章

「抵当権抹消登記」をします。

　これらの登記により新たに名義人となった申請人には、登記識別情報という12桁の符号を記された登記識別情報通知が届きます。この符号を持っている人が名義人です。平成17（2005）年より前は登記済権利証という書類で示していたのものが、この電子データの符号に変わったのです。これらは唯一無二のものであり、紛失しても再発行されませんので、大切に保管しましょう。

　このような登記の手続きのために土地家屋調査士や司法書士へ支払う報酬以外に、登録免許税がかかります（P.30参照）。

（※１）　これまでは紙の台帳（登記簿）に記録（登記）され、記録のコピーは「登記簿謄本」と呼ばれていたが、登記の電子化が進み「登記事項証明書」と呼ばれるようになった。

（※２）　「表題登記」は、平成17年までは「表示登記」といわれていた。申請のためには、建築確認の確認済証と検査済証、施工業者が発行した工事完了引渡証明書、建物図面・各階平面図等の資料を揃え、現地で測量調査も行なう。なお、「表題登記」に登録免許税はかからない。

登記識別情報通知
（見本）

❻ 登録免許税

　登録免許税は不動産を登記するときにかかる税金のことで、登記の種類によって税率が異なります。

　一定の土地・家屋には軽減措置が設けられています。なお、表題登記には課税されません。

　登録免許税は不動産の価額（固定資産税評価額）に税率を乗じて算定されますが、新築家屋の場合は、固定資産税評価額が定まっていないため、法務局で定める「新築建物課税標準価格認定基準表」に基づく価額によることになります。

　税率については、次表を参照してください。

　軽減税率が適用されるには、新築又は取得後１年以内に登記すること、建物については床面積が50㎡以上あることなどが必要条件です。

登記の種類と税率

登記の対象・目的		住宅の要件	本則税率	令和 6 年 3 月31日まで	令和 8 年 3 月31日まで
土地の 売買	所有権の移転登記		2.00%	－	1.50%
住宅用家屋	新築した場合の所有権保存登記	新築住宅	0.40%	0.15%	－
		特定認定長期優良住宅・認定低炭素住宅	0.40%	0.10%	－
	新築住宅を取得した場合の所有権移転登記	新築住宅	2.00%	0.30%	－
		特定認定長期優良住宅（一戸建て）	2.00%	0.20%	－
		特定認定長期優良住宅（一戸建て以外）	2.00%	0.10%	－
		認定低炭素住宅	2.00%	0.10%	－
	既存住宅の所有権移転登記		2.00%	0.30%	－

　なお、住宅用家屋の移転登記にかかる軽減措置については、築年数要件が廃止され、新耐震基準に適合している住宅用家屋（登記簿上の建築日付が昭和57年 1 月 1 日以降の家屋は新耐震基準に適合している住宅用家屋とみなされます）であることが要件となります。

○少額の土地を相続により取得した場合の免税措置

　不動産の価格が100万円以下の土地については所有権の保存登記および移転登記を免税とする措置が令和 7 （2025）年 3 月31日まで設けられています。

○不動産登記法の改正による非課税

　不動産登記法の改正（P.91参照）を受けて、相続人申告登記によって登記官が職権登記をした場合、登録免許税は非課税となります。

○相続登記の免税措置

　相続により取得した土地の所有権の移転登記をしないで亡くなった者の相続人が、その死亡した者を登記名義人とする移転登記については、令和7（2025）年3月31日まで非課税となります。

★☆ワンポイントアドバイス☆★ ━━━━━━━━━

認定長期優良住宅

　長期優良住宅の普及の促進に関する法律に規定する認定長期優良住宅に該当するものとして証明がされたものを指し、耐震性、耐久性、省エネルギー性に優れ、適切な維持保全が確保される基準を満たしている住宅のこと。一戸建ては75㎡以上、少なくとも一つのフロアの床面積が40㎡以上あることが必要。認定長期優良住宅は、登録免許税の軽減だけでなく、住宅ローン控除やその他税金にもメリットがある。

　なお、登録免許税の税率の軽減の対象になる「特定認定長期優良住宅」とは、認定長期優良住宅のうち、①新築されたものまたは建築後使用されたことのないものであること、②取得した者が居住の用に供する家屋であること、③床面積が50㎡以上であることの要件を満たす住宅をいう。

❼ 不動産取得税

　不動産を取得したときに一回だけ課税される税金です。「取得」には、売買の他、建築、増改築、交換や贈与なども含みます。なお、相続による取得は非課税です。

　登記がされてから、通常数か月後に納税通知書が送られてきますので、金融機関等で納税します。

　不動産取得税は、固定資産税評価額に税率を乗じて計算しますが、令和6（2024）年3月31日までに取得した宅地については固定資産税評価額の1/2を課税標準として税率を乗じることになっています。

　税率は、以下の通りですが、令和6（2024）年3月31日まで一部軽減されています。

　土地……本則税率4％、軽減税率3％

　家屋（居住用）……本則税率4％、軽減税率3％

　家屋（事務所等）……本則税率4％

　なお、不動産取得税が免税になるケースは次のとおりです。

　土地……課税標準額10万円未満

　家屋（新築・増改築）……同23万円未満

　家屋（売買・交換・贈与）……同12万円未満

不動産取得税は、住宅や住宅用地には軽減措置が設けられています。

新築住宅（自己の居住用・賃貸用）

	要件	対象	内容（税額）
建物	課税床面積が50㎡以上（戸建て以外の貸家住宅は1戸当たり40㎡以上）240㎡以下	新築住宅全般	（固定資産税評価額－1,200万円）×3％
		長期優良住宅	新築住宅の1,200万円控除に代えて1,300万円とする（令和6年3月31日までの特例）。
土地	●上記「建物」の軽減の要件を満たすこと ●取得から3年以内（令和6年3月31日までの特例）に建物を新築すること ●土地を借りるなどして住宅を新築した人が新築1年以内にその土地を取得すること	－	（固定資産税評価額×1/2×3％）－控除額（下記AかBの多い金額） A＝45,000円 B＝（土地1㎡当たりの固定資産税評価額×1/2）×（課税床面積×2（※））×3％

（※） 課税床面積×2の上限は一戸あたり200㎡が限度

既存住宅（自己の居住用）

	要件	対象	内容（税額）
建物	床面積が50㎡以上240㎡以下で次のいずれかに該当するものであること ①昭和57年1月1日以後の新築 ②①に該当しない住宅で、新耐震基準に適合していることについて証明を受けたものであること または、平成25年4月1日以後に取得する既存住宅で、既存住宅売買瑕疵保険に加入しているものであること ③平成26年4月1日以後に取得し、取得した日から6か月以内に耐震改修を行い、新耐震基準に適合していることについて証明を受けたもの	―	（固定資産税評価額－控除額（※1）×3％ （※1）　控除額はP.36の表のとおりです（東京都の例です。都道府県によって若干違います）。
土地	●上記「建物」の軽減の要件を満たすこと ●取得から1年以内にその土地上の建物を取得すること ●土地を借りるなどしてその土地上の建物を取得した人が1年以内にその土地を取得すること	―	（固定資産税評価額×1/2×3％）－控除額（下記のAかBの多い金額） A＝45,000円 B＝（土地1㎡当たりの固定資産税評価額×1/2）×（課税床面積×2（※2））×3％

（※2）　課税床面積×2の上限は一戸あたり200㎡が限度

既存住宅建物の控除額（東京都の例）

【控除額】当該住宅の新築された日に応じた額が、住宅の課税標準から控除されます（下表参照）。

新築された日	控除額
平成 9 年 4 月 1 日以降	1,200万円
平成元年 4 月 1 日～平成 9 年 3 月31日	1,000万円
昭和60年 7 月 1 日～平成元年 3 月31日	450万円
昭和56年 7 月 1 日～昭和60年 6 月30日	420万円
昭和51年 1 月 1 日～昭和56年 6 月30日	350万円
昭和48年 1 月 1 日～昭和50年12月31日	230万円
昭和39年 1 月 1 日～昭和47年12月31日	150万円
昭和29年 7 月 1 日～昭和38年12月31日	100万円

また、住宅の再生を考慮した下記の特例措置もあります。

宅地建物取引業者が既存住宅及びその土地を買取りし、耐震適合要件を満たす改修工事を行った後、買取りから 2 年以内に個人に住宅を再販して、その個人の居住の用に供された場合で一定の要件を満たす場合は、宅地建物取引業者の住宅及び土地の取得にかかる不動産取得税が軽減されます。

❽ 消費税

　それでは、住宅を取得する際にかかる税金のうち消費税について見ていきましょう。

　個人が消費者として買い物をする際に、通常支払っている消費税分は現在10％（食品など軽減税率適用のものは8％）です。つまり商品の価格に消費税相当分を上乗せして購入しているのですが、その個人は消費税を「納税」しているのではありません。消費税の課税対象は、事業者が事業として対価を得て行う国内における資産の譲渡、貸付けおよび役務の提供に限られます。したがって、個人が消費者として負担した消費税相当分は、それを売り上げた課税事業者の対価として、納税分に充てられる仕組みです。

　不動産の購入も同じことで、消費税の課税事業者ではない個人が直接の売主であれば、（中古）住宅の購入に際して消費税を負担する必要はないことになります。

　しかし、住宅の購入や建築は事業者である不動産会社を通して行われることが一般的ですので、建物には消費税分がかかると覚えておけばよいでしょう。その他、仲介手数料、司法書士の手数料やローン事務手数料には消費税が課税されます。

　ただし土地に関する譲渡取引は消費税は非課税です。その他、火災保険料や住宅ローンの保証料にも消費税はかかりません。登録免許税などの租税公課も消費税は対象外です。

4 中古住宅（既存住宅）購入の場合

　建築後1年以内の建物で一度も居住されなかった物件を新築といいますが、それ以外は中古住宅です（※1）。

　中古住宅は新築住宅に比べて安価であり、新しく建てるよりは早く入居でき、庭やフェンスなどの外構部もあり居住イメージを掴みやすいというメリットがありますが、築年数による劣化などは物件ごとに異なり、新築の場合とは異なった注意点があります。

　（※1）　フラット35では2年以内

① 検討・契約の注意点

　○取引形態……不動産広告における「媒介（仲介）」は、不動産会社など宅建業者が売主と買主を媒介する場合で、媒介報酬を要する。「売主」とある場合は宅建業者が売主、「代理」は宅建業者が売主の代理人であり売主との直接取引となる。

　○内覧調査……媒介業者に依頼し、売主に内覧を申し込む。居住中の場合もあるので、プライバシー等に配慮する。

　○建物状況調査（インスペクション）……媒介契約をする際、建物状況調査を希望するかを尋ねられる。実施する場合は売主の承諾が必要。国土交通省の定める講習を修了した建築士が、構造耐力上主要な部分と、雨水の侵入を防止する部分の状況を、目視と計測により実施する。建物に瑕疵（※2）がないことを保証するものではない。

　（※2）　「瑕疵」とは傷や欠陥を意味するが、令和2（2020）年の民法改正により「契約の内容に適合しないこと」と改められた。それを踏まえて「住宅の品質確保の促進に関する法律（通称・品確法）」も

改正され、「瑕疵とは、種類又は品質に関して契約の内容に適合しない状態をいう」と定義された。

○重要事項説明……契約時には宅地建物取引士から権利内容、接道やインフラ等に関する特記事項、建物状況調査の概要（1年以内に実施された場合）、新築や増改築の際の建築確認申請の確認済証・検査済証、石綿仕様調査・耐震診断の内容（実施実績があり記録がある場合）などの説明を受ける。

○既存住宅売買瑕疵保険……新築住宅の販売に関して義務づけられている「住宅瑕疵担保責任保険（P.66参照）」に準ずるものとして、中古住宅のために作られた制度。売主が不動産会社等の場合は、加入が義務づけられており、保証期間は2年または5年。売主が個人の場合は任意加入で、所定の検査機関に建物の検査と保証を依頼する。保証期間は1年または5年。

○安心R住宅……安心して中古住宅を購入できる環境整備のために、国が審査・登録した事業者団体による認定制度。既存住宅売買瑕疵保険契約締結の検査基準に適合しており品質が明確で、リフォームがセットになっている（工事が実施済みか、リフォームプランがついている）などのメリットがある。

○住宅ローン…築年数が古いものや増改築をされた物件は、現行の建築基準法には違反している場合があり、ローンの審査が通らないこともあるため注意が必要。買主側でリフォームをする場合は、まとまった資金が必要になるが、リフォーム費用もセットになったリフォーム一体型住宅ローンもある。

② **想定される費用**

○建物状況調査費用（購入者が負担する場合）

○物件の売買代金および消費税（個人間売買の場合、消費税はかからない）

○契約書の印紙代

○固定資産税等の精算費用……売主と按分など

○住宅ローン関連費用……生命保険料、火災保険料、抵当権設定費用、
　事務手数料

○登記費用……登録免許税、司法書士への報酬

○宅建業者への報酬（媒介の場合）……仲介手数料

○不動産取得税

○修繕・リフォーム費用……入居時実施の工事だけでなく、直近の定期
　的なメンテナンス費用についても考慮

○エアコンやカーテン等の付替えをする場合の購入・取付費用

○引越し費用

5　住宅資金と保険・税金

マイホームは高額な買い物ですので、様々な心配事もあり、ライフプランに合わせた様々なローンや保険が用意されています。自分たちに合ったものを選択しましょう。

❶ 住宅資金

マイホーム取得という「夢」を実現するには、資金をどのくらい用意できるのかという「お金」の問題を考える必要があります。家や土地に関する情報収集のために、ハウスメーカーや不動産会社に赴くと、必ず「ご予算は？」と聞かれることでしょう。一方で、いったいいくら用意すればよいのか、という相場も知りたいことでしょう。希望する場所や広さ、タイプなどを入力すると試算してくれる、マイホームに関するウェブサイトもたくさんあります。

しかし、「ご予算」を土地や建築の代金とだけ考えていたのでは、現実に取得することはできません。総費用としては土地代や本体建築費に加えて、インフラを新設する費用、土地によっては地盤補強工事費、外構費用（門、塀、駐車場等を設置）、電灯・家具・家電・カーテン等の購入・設置費用、登記費用、火災保険料、住宅ローン関連費用、引越し費用、さらに不動産取得税（P.33参照）や登録免許税（P.30参照）もかかります。

資金としては、まず自己資金です。「頭金」と呼ばれることもありますが、貯蓄から住宅購入に充てられる分や、親族からの応援資金（住宅取得資金贈与の特例についてはP.54参照）です。不足分は「住宅ローン」などで借り入れることになります。

頭金が多いほど借入金は少なくてすみますが、貯蓄を持ち出しすぎると、その後のライフイベントやアクシデントの際に窮してしまいますし、マイホームを保有していくための費用も必要です。無理のない資金計画を立て、最適な住宅ローンを選びましょう。

　注文住宅を建てるときは、土地と建物を別々に購入しますし、建築費は分割して支払うことが通例です。そうすると、土地購入費、建物の着工時・上棟時・引渡し時の4回に分けて支払いが発生する、ということが考えられます。しかし、住宅ローンの審査が通ったとしても、住宅ローンが実行されて入金されるのは建物引渡し時ですので、そこまでの支払いに要する資金は自己資金で、不足分は借入金でまかなうことになります。この住宅ローンが実行されるまでの間は、金融機関から「つなぎ融資」を受け、利息だけを支払い、住宅ローン実行時にまとめて返済するケースが多いようです。

❷ 住宅ローン

　住宅ローンには、「民間融資（銀行等）」、「公的融資（住宅金融支援機構融資、財形住宅融資、自治体住宅融資など）」、「協調融資（住宅金融支援機構と民間金融機関が共同で行う）」の3種類があります。ローンの種類や機関によって、利用できる人の条件や金利、返済方法などが異なるので、比較検討を行い、自分たちに合った、返済に無理のないローンを見つけましょう。

　ここでは、複数の金融機関が協力して融資を行う協調融資の【フラット35】を例に、検討ポイントを説明します（「ワンポイントアドバイス」も参考にしてください）。

① **相談・申込み**
　全国300以上の金融機関が取り扱っています。

② **返済方法**
　借り入れたときの金利のままずっと変わらない「全期間固定金利型」ローンです。

③ **利用条件**
　本人または親族が住む新築住宅の建設・購入資金や中古住宅の購入資金として使用する場合に限ります。

④ **種類**
　借入期間の長さによる他、中古住宅購入と合わせた【フラット35】リノベ、地方公共団体と連携した【フラット35】地域連携型など多彩なメニューが用意されています。

⑤ **金利引き下げの特例**
　借入期間が20年以下の【フラット20】では、金利が低くなります。ま

た、長期優良住宅など省エネルギー性や耐震性に優れた質の高い住宅を取得する場合には、金利を一定期間引き下げる【フラット35】Sという制度もあります。

⑥　**対象費用**

　土地の取得から設計・建築費用、諸手続きの費用、つなぎ融資の金利分までかなり幅広く使えます（ワンポイントアドバイス参照）。

　不動産会社や金融機関には、ファイナンシャル・プランナーや住宅ローンアドバイザーの資格を持ったスタッフもいるようですので、資金繰りとローン選びについて、相談に乗ってもらうこともできるでしょう。また、住宅ローンを利用する場合は、事前審査が必要です。ローンの利用を予定している場合は、販売業者、建築業者にその意向を伝えておき、タイミングよくローンの手続きができるようにサポートしてもらいましょう。

　住宅ローンを利用すると所得税の控除（住宅ローン控除制度、P.49参照）が受けられるケースが多いので、その場合は、入居した翌年の確定申告をお忘れなく。

★ワンポイントアドバイス★

【フラット35】とは

　民間金融機関と住宅金融支援機構が提携して提供する最長35年の全期間固定金利型住宅ローンです。資金の受取り時に、返済終了までの借入金利と返済額が確定します。

【フラット35】金利情報（令和 5 年 4 月現在）

返済期間	15年〜20年	21年〜35年
金利の範囲	年1.330〜年2.640%	年1.760〜年3.070%
最頻金利	年1.330%	年1.760%

（※融資率 9 割以下の場合）

【フラット35】の対象となる費用（住宅を建設する場合）

① 　外構工事の費用

② 　設計費用、工事監理費用

③ 　敷地の測量、境界確定、整地、造成、地盤（地質）調査、地盤改良、擁壁の築造のための費用

④ 　敷地内の既存家屋などの取壊し、除却の費用

⑤ 　住宅への据付工事を伴う家具を購入する費用

⑥ 　住宅の屋根、外壁、住宅用カーポートに固定して設置される太陽光発電設備の設置費用

⑦ 　住宅の敷地に水道管、下水道管を引くための費用（水道負担金など）、浄化槽設置費用

⑧ 　太陽光発電設備の工事費負担金

⑨ 　建築確認、中間検査、完了検査の申請費用

⑩ 　建築確認などに関連する各種申請費用

⑪　適合証明検査費用

⑫　住宅性能評価関係費用

⑬　長期優良住宅の認定関係費用

⑭　認定低炭素住宅の認定関係費用

⑮　建築物省エネ法（略称）に基づく評価、認定に係る費用

⑯　土地購入に係る仲介手数料

⑰　融資手数料

⑱　金銭消費貸借契約証書に貼付する印紙代

⑲　請負契約書、売買契約書に貼付した印紙代

⑳　火災保険料（積立型火災保険商品に係るものを除く）、地震保険料

㉑　登記費用（司法書士報酬、土地家屋調査士報酬）

㉒　登記費用（登録免許税）

㉓　つなぎローンに係る費用（金利、融資手数料など）

（出典）住宅金融支援機構ホームページ

❸ 生命保険・火災保険

①　生命保険

　ほとんどの金融機関では、住宅ローンの契約者が返済期間の途中で死亡した場合に備えて、住宅ローンの契約時に生命保険に加入することを条件としています。特に団体信用生命保険（団信）は、住宅ローン専用の生命保険です。万が一の場合は、保険金で住宅ローンの残額が返済される制度であり、金融機関はローンを確実に回収することができ、遺族はそれまでと同じ家に負担なく住み続けることができるわけです。病気によって働けなくなったときにもローンが完済される「三大疾病特約付き団信」などもあります。【フラット35】（前掲P.45）の場合は団信が任意加入のため別途保険料が必要となりますが、銀行ローンでは保険料が無料もしくは金利に上乗せしている場合もあるようです。

　マイホーム取得の際に団信に加入することは、将来の住居費用対策と考えることができます。将来に必要な資金はいくらなのか、どんな保障が必要なのか、生命保険を見直しする機会でもあります。ただし、ローン完済によって団信の契約が終了するので、その後の生命保険のことも考慮しておきます。

　ところで、団信は生命保険料控除の対象外です。所得税で所得控除が可能な生命保険料は、「保険金受取人が自己または配偶者その他親族とする生命保険契約等」ですが、団信は団信の機構が受取人であり、住宅ローンの契約者やその家族ではないからです。

　なお、団信加入期間の上限は満80歳まで。ローンの完済年齢が80歳以上の場合、遺族に返済義務が残ることになります。2000年３月以前の公庫住宅ローン（旧制度）では、団信の上限が満70歳なので要注意。ローンの完済年齢と生命保険期間に食い違いはないか、確認しましょう。

②　火災保険

　マイホーム取得で欠かせないのは、火災保険です。金融機関は、火災によって担保としている住宅が損害を受けた場合に備えて、住宅ローンの借主に対して住宅ローンの返済中は建物の火災保険への加入を求めていることが一般的です。借主にとっても、火災によって住宅を失ったにもかかわらず返済を続けるのは大変な負担ですから、備えは必要です。さらに住宅ローンの返済が終わったあとも火災のリスクは常にあり、火災保険に加入し続けておくと安心です。

　建物の火災保険の補償対象は、火災、落雷、破裂・爆発を基本として、それに風水雪などの自然災害や、盗難や破損などの事故を組み込んだものが多く、家財保険や地震保険と組み合わせたものもあります。自然災害や事故は地域や立地場所によって発生頻度や種類に差があるので、必要な補償内容を吟味しましょう。なお、地震保険は単独では契約できず、火災保険とセットで加入します（地震保険料控除についてはP.64参照）。

❹ 住宅ローン控除制度

　償還期間10年以上の住宅ローンで住宅を取得し、6か月以内に自己の居住の用に供した場合に、年末の借入金残高の0.7%を13年間（または10年間）所得税から控除する制度です（※）。住宅の契約締結日や居住年、また住宅の性能等によって、控除期間や控除限度額が次ページの表のとおり異なります。

（※）　令和4年に居住を開始した住宅で、住宅の取得に係る消費税率が10%で、下記の期間に契約が締結されたもの（特別特例取得）については、借入金残高の1%を控除。

　新築（注文住宅等）…令和2（2020）年10月1日から令和3（2021）年9月30日までの期間

　取得（分譲住宅等）…令和2（2020）年12月1日から令和3（2021）年11月30日までの期間

住宅ローン控除で
家計が助かりますよ!

住宅ローン控除制度

住宅の取得方法	住宅の種類	居住年	借入限度額	控除率	控除期間
新築・分譲（注1）	①認定住宅	令和4年・令和5年	5,000万円	0.7%	13年
		令和6年・令和7年	4,500万円		
	②ZEH水準省エネ住宅	令和4年・令和5年	4,500万円		
		令和6年・令和7年	3,500万円		
	③省エネ基準適合住宅	令和4年・令和5年	4,000万円		
		令和6年・令和7年	3,000万円		
	①②③以外の住宅	令和4年・令和5年	3,000万円		13年
		令和6年・令和7年	なし／一定の場合（注2）2,000万円		10年
既存住宅の取得	①②③すべての住宅	令和4年～令和7年	3,000万円		10年
既存住宅の取得・増改築	①②③以外の住宅		2,000万円		

（注1）　新築・分譲は建築後使用されたことのないものもしくは宅地建物取引業者により一定の増改築等が行われたものを含む

（注2）　令和5年までに建築確認を受けた新築住宅（登記簿上の建築日付が令和6年6月30日以前のものも可）の場合は借入限度額2,000万円

　なお、中古住宅（既存住宅）の取得のための住宅ローンについては、表のとおり、借入限度額が2,000万円（認定住宅等は3,000万円）となり控除期間は10年です。

　住宅ローン控除適用初年度は入居した年の翌年2月16日から3月15日までの間に住宅借入金の年末残高証明書や売買契約書や工事請負契約書などを添付して確定申告をする必要があります。給与所得者は2年目以降からは年末調整で可能となります。

　なお、令和5（2023）年居住開始以降の住宅ローン控除は、金融機関が

年末の住宅借入金の残高等を記載した書面を税務署に提出する手続になります。

　住宅ローン控除を受けるための適用要件は次のとおりです。

住宅ローン控除の主な要件

	区分	要件
対象となる住宅	新築住宅	○登記簿上の床面積が50㎡以上（※） ○併用住宅の自己の居住用床面積が全体の2分の1以上
	買取再版住宅	宅地建物取引業者が一定のリフォームをした既存住宅を2年以内に取得した住宅（新築された日から10年を経過したもの）
	既存住宅	○登記簿上の床面積が50㎡以上（※） ○併用住宅の自己の居住用床面積が全体の2分の1以上 ○新耐震基準に適合しているもの（登記簿上の建築日付が昭和57年1月1日以降の家屋については適合しているものとみなす）
	増改築	○工事後の床面積が50㎡以上 ○工事の費用が100万円超 ○併用住宅の自己の居住用床面積及び工事費用が全体の2分の1以上
対象となる住宅ローン		○償還期間が10年以上のもの

（※）令和5年12月31日以前に建築確認を受けた住宅は40㎡以上50㎡未満のものも適用できる（ただし合計所得金額が1,000万円を超える年を除く）

　なお、次の場合には、適用が受けられません。

○合計所得金額が2,000万円を超えている年

○居住の年、その前年、その前々年、翌年以後3年以内に、居住用財産の特別控除（3,000万円）の特例や居住用財産の長期譲渡所得の特例（軽減税率）、特定の居住用財産の買換えの特例等の適用を受けている場

合

ただし、空き家にかかる譲渡所得の3,000万円の特別控除の適用には住宅ローン控除との併用制限はありません。

住宅ローン控除の控除期間内に転勤等によってその住宅に居住しなくなった場合にも、再居住した年から再び住宅ローン控除の適用を受けることができます。

その際には、居住の用に供しなくなる日までに「給与所得者の（特定増改築等）住宅借入金等特別控除申告書」と「年末調整のための（特定増改築等）住宅借入金等特別控除証明書」を添付した「転任の命令等により居住しないこととなる旨の届出書」を所轄税務署に提出します。

所得税で控除しきれなかった額は、所得税の課税所得金額の5％（最高9.75万円）の限度額の範囲で住民税から控除されます（適用期間は令和4（2022）年から令和7（2025）年までの居住開始）。

なお、住宅ローン控除制度は、令和6（2024）年1月1日以後に建築確認を受ける家屋（登記簿上の建築日付が令和6年6月30日以前のものを除く）、または建築確認を受けないもののうち、一定の省エネ基準を満たさない新築または既存住宅の取得については適用がなくなります。

❺ 認定住宅等の新築等をした場合の所得税額の特別控除

　2030年までに新築住宅の平均でネット・ゼロ・エネルギー・ハウス（ZEH）の実現を目指すとされたエネルギー基本計画を受けて見直しされた税制度です。

　具体的には、令和4（2022）年〜5（2023）年に、消費税額8％または10％である認定長期優良住宅や認定低炭素住宅、またはZEH水準省エネ住宅を取得した場合に、650万円を上限とする標準的な性能強化にかかる費用（45,300円×床面積）の10％（最大65万円）が所得税から控除される制度です。居住年の所得税から控除しきれない場合は、翌年分の所得税から控除することができます。

　住宅ローンを組まず自己資金で新築等をした場合でも適用があります。この制度は住宅ローン控除との選択適用です。

　対象者は合計所得金額が3,000万円以下の者に限られ、居住用財産の特別控除（3,000万円）の特例や居住用財産の長期譲渡所得の特例（軽減税率）を居住年とその前2年間およびその後3年間に受けた場合には、この制度の適用はできません。

★☆ワンポイントアドバイス★☆

ZEH

　ZEHは"ゼッチ"と読む。高断熱・高気密で省エネ性能が高く、太陽光発電などでエネルギーを創ることで住まいのエネルギー収支をゼロにすることを目指す住宅で、令和4（2023）年3月現在、全国のハウスメーカー、工務店を中心に4,722社がZEHビルダー登録を行っている。以下のURLより都道府県別に検索が可能。

一般社団法人環境共創イニシアチブ（https://sii.or.jp/zeh/builder/search/）

❻ 住宅取得資金贈与の特例

　父母や祖父母など（直系尊属といいます）から資金の贈与を受けて、住宅の新築や増改築をした場合は、一定の金額まで贈与税がかからないという特例があります。

　令和4（2022）年1月1日から令和5（2023）年12月末までに直系尊属からの贈与により、自己（贈与年の1月1日において年齢18歳以上（※）の者であること）の居住の用に供する住宅用の家屋の新築、取得または増改築等の対価に充てるための金銭を取得した場合で、次の非課税限度額までの金額について、贈与税が非課税となります。

（※）　令和4年3月31日以前の贈与については20歳以上。

① **非課税となる贈与金額の限度額**
　　1．耐震、省エネまたはバリアフリーの住宅用家屋……1,000万円
　　2．上記以外の住宅用家屋……500万円
　　　（注）暦年課税制度の基礎控除（110万円）も併用できます。
　ただし、下記②の要件等に当てはまらなければ、非課税の特例は受けられません。

② **主な要件**
　・既存住宅用家屋を取得する場合は、築年数にかかわらず、新耐震基準に適合している住宅用家屋であること（登記簿上の建築日付が昭和57年1月1日以降の家屋については、新耐震基準に適合している住宅用家屋とみなされます）
　・贈与を受けた年の合計所得金額が2,000万円以下
　・贈与を受けた年の翌年3月15日までに住宅取得資金の全額を充てて住

宅用家屋の新築等（※）をし、その家屋に居住することまたは遅滞な
くその家屋に居住することが確実であること

・登記簿上の床面積（区分所有建物の場合は専有面積）が50㎡（合計所
得金額が1,000万円以下の場合は40㎡）以上240㎡以下で床面積の
1/2以上が居住用であること

・増改築の場合は費用の額が100万円以上で、費用の2分の1以上が居
住用にかかるもの

（※）新築の場合は、贈与年の翌年3月15日までに棟上げの状態にあれば適用を
　　　受けられますが、建売住宅や分譲マンションの取得の場合はその日までに
　　　引き渡しを受けることが必要です。

　なお、非課税の適用を受けるためには、贈与を受けた年の翌年2月1日
から3月15日までの間に戸籍謄本、新築や取得の契約書の写しなど一定の
書類を添付して贈与税の申告をする必要があります。

第2章
戸建ての家に住む

この章では、マイホームを所有している「マイホームエンジョイ中のBさん」のような方々にとって必要な知識について記載しています。
所有者にかかる税金や、メンテナンスにかかる費用のことなどを知っておくことは、Bさんのように現在住んでいる方だけでなく、これから家を購入しようという方にも、相続などで住宅を受け継いだ方にも、今後の予定を立てるために必要です。

[この章でわかること]
1　マイホームの所有と税金
2　家のメンテナンスと修繕
3　増改築
4　家と仕事

1 マイホームの所有と税金

賃貸住宅に住むのと、マイホームを持つのでは、何が違うでしょうか？賃貸住宅の場合は、雨漏りしたり水道蛇口が壊れたりした際、大家さんや管理会社に連絡すれば修理してくれます。経年劣化などにより通常の使い方で起きたトラブルについては、貸す側の責任です。ところがマイホームの場合は、保証対象以外の修理・メンテナンスは自己負担です。さらに固定資産税など保有にかかる税金も発生します。

この章では、マイホームに住んでいる間の、所有や管理に関わるポイントと税金についてまとめています。順番に確認していきましょう。

❶ 所有に関する書類

戸建てのマイホームを引き渡される際に、家の鍵に加えて設備のマニュアルやたくさんの書類を渡されます。まずは、契約の段階から含めて、次ページの表の書類が手元にあることを確認しましょう。

これらは、今後の「家生」のために必要な基礎情報であり、唯一無二のものです。紛失すると再入手できないものがありますし、再発行や作り直すことができるにしても費用や時間を要します。家と共に大事に保管し、次の方に引き継いでいってください。

家に関する主な保管書類

種類	名称	参照ページ
土地や建物の登記書類	登記識別情報（または登記済権利証） 登記事項証明書（または登記簿謄本）	P.29
土地や建物の購入に伴う書類	売買契約書、重要事項説明書、領収書など	P.20 P.39
土地の測量図	地積測量図 確定測量図・境界確認書 現況測量図	P.8 P.8 P.8
建築確認関係の書類	確認済証（または確認通知書）、検査済証	P.16
注文住宅の場合	工事請負契約書	P.23
建物に関するもの	設計図書（一式） 建物保証書 住宅の認定書類（長期優良住宅認定通知書、住宅性能評価書等）	P.23 P.66 P.32
建具や什器備品に関するもの	保証書 取扱説明書	P.67
増改築をした場合	増改築の際の確認済証、検査済証、提出図面など	P.70
住宅ローンを利用した場合	金銭消費賃借契約書など	P.43
保険の書類	生命保険証書 火災保険証書 住宅瑕疵担保責任保険付保証明書（または既存住宅売買瑕疵保険付保証明書）	P.47 P.48 P.66 P.39
固定資産税がわかるもの	固定資産税納税通知書、固定資産税評価証明書	P.61

第2章

❷ 家屋調査

　住宅を取得後約 3 か月以内（※）に、自治体による家屋調査があります。それに基づいて固定資産税の評価額が算出されます。

　そして、マイホームに住み始めて最初の 4 月が来ると、自治体から固定資産税納税通知書が届き始めます。市街化区域内にある場合は、固定資産税と同時に都市計画税も課税されます。同封されている課税明細書も確認しましょう。毎年の評価額がわかります。

（※）　家屋調査の時期は自治体によって異なります。

　固定資産税の税率等について詳しくは、次項の❸固定資産税・都市計画税で解説します。

家屋調査が行われます
固定資産税の計算の基に
なります

❸ 固定資産税・都市計画税

　固定資産税は、毎年 1 月 1 日現在の土地建物の所有者（所有者が亡くなった場合等には「現に所有している者」）に対して市区町村（東京23区は都）が課税する税金です。都市計画税は、原則としてその土地建物が市街化区域（P.10参照）に所在する場合に課税されます。

　税率は、固定資産税の課税標準（固定資産税評価額）に対して固定資産税が1.4%（標準税率）、都市計画税が0.3%（制限税率）です（自治体により異なる場合があります）。

　また、住宅用地や住宅の建物に対しては、次の①、②の通り軽減措置が設けられています。

①　住宅用地の軽減特例

　住宅用地については、次のとおり課税標準が軽減されます。

面積	固定資産税	都市計画税
200㎡までの小規模住宅用地	評価額×1／6	評価額×1／3
200㎡を超える一般住宅用地	評価額×1／3	評価額×2／3

注 1 ：家屋の床面積の10倍までの面積が限度とされる。
注 2 ：住宅用地には、もっぱら保養の用に供される別荘は含まれない。

　「空家等対策の推進に関する特別措置法」（P.114参照）に基づいて勧告の対象になった特定空き家や管理不全空き家敷地となった場合には、上記の軽減特例は適用されなくなります。

〔併用住宅の特例〕

　事務所兼住宅の場合、総床面積に対する居住用部分の面積の割合に応じ

て、その土地の面積に次の率を乗した面積が住宅用地とされます。

区分	居住用部分の割合	率
地上5階以上の耐火建築物	1/4未満	0
	1/4以上1/2未満	0.5
	1/2以上3/4未満	0.75
	3/4以上	1
上記以外	1/4未満	0
	1/4以上1/2未満	0.5
	1/2以上	1

② **新築住宅の軽減特例**

新築の住宅を取得した当初はいろいろと物入りな時期なので、建ててしばらくの間は、固定資産税等が少なくて済むような制度があります。

総床面積の1/2以上が居住用である住宅で、居住用部分の床面積が50㎡以上280㎡以下（賃貸住宅の場合は、各部屋が40㎡以上280㎡以下）の場合は、120㎡以下の部分に対する固定資産税の税額が1/2になる特例が設けられています。

軽減措置は、令和6（2024）年3月31日までの新築住宅で、軽減期間は、一定の基準に適合する認定長期優良住宅（ワンポイントアドバイス参照）かどうかによって次表のとおりとなります。

一般住宅	耐火構造・準耐火構造等で3階建て以上の住宅	5年間
	上記以外	3年間
認定長期優良住宅	耐火構造・準耐火構造等で3階建て以上の住宅	7年間
	上記以外	5年間

★★ワンポイントアドバイス★★ ─────────────

認定長期優良住宅の税金優遇

　耐震性、耐久性、可変性等に優れ、適切な維持保全が確保される認定長期優良住宅の普及のため、一定の認定長期優良住宅の新築または取得を行った場合、所得税、登録免許税、不動産取得税が軽減されるが、固定資産税も通常より長く軽減される。

　認定長期優良住宅についてはP.32でも解説している。

❹ 地震保険料控除等

① 地震保険料控除

　地震保険料控除とは、自己や自己と生計を一にする配偶者その他の親族の所有する家屋で常時その居住の用に供する家屋、または生活に通常必要な家具、什器、衣服などの生活用動産を保険や共済の対象とする地震保険に基づいて保険料等を支払った場合に、適用できる所得税及び住民税の所得控除のひとつです。

損害保険の種類と控除額

区分	年間の支払保険料の合計	控除額
(1)地震保険料	50,000円以下	支払金額の全額
	50,000円超	一律50,000円
(2)旧長期損害保険料	10,000円以下	支払金額の全額
	10,000円超 20,000円以下	支払金額×1/2＋5,000円
	20,000円超	一律15,000円
(1)・(2)両方がある場合	－	(1)、(2)それぞれの方法で計算した金額の合計額（最高50,000円）

（注）　一の損害保険料契約等または一の長期損害保険契約等に基づき、地震保険料および旧長期損害保険料の両方を支払っている場合には、納税者の選択により地震保険料または旧長期損害保険料のいずれか一方の控除を受けることとなります。

② 火災保険料

　火災保険の保険料は、年末調整や確定申告で控除を受けることはできません。以前は「損害保険料控除」という制度があり、火災保険も年末調整

や確定申告で手続きをすれば控除を受けられましたが、平成18（2006）年の税制改正によってこの制度の廃止が決まり、平成19（2007）年1月以降、火災保険は保険料控除の対象から外れました。

　ただし、旧長期損害保険に該当するものであれば、前ページの表のとおり控除を受けることができます。旧長期損害保険とは、下記の要件を満たす契約です。

1．平成18年12月31日までに契約したもの（保険期間の始期が平成19年1月1日以後のものを除く）

2．満期返戻金などがあるもので、保険期間が10年以上のもの

3．平成19年1月1日以後に契約を変更をしていないこと

2 家のメンテナンスと修繕

❶ 保証

　家の引渡しの際に家の建物保証書が渡され、アフターサービスについて説明されたと思います。住み始めてみて、引渡し前の検査の際には気付かなかった不具合が見つかることもあるので、できるだけ手厚いアフターサービスが欲しいものです。

　新築住宅を建築または販売する事業者には、建築して10年以内に住宅の重要な構造耐力上主要な部分（基礎、柱、梁、小屋組、屋根組など）と雨水の侵入を防止する部分（屋根、外壁、開口部）に瑕疵（P.38参照）があった場合には、補修や損害賠償をする義務が課せられており、それに備えて「住宅瑕疵担保責任保険」に加入するか供託をする制度があります。建物保証書や重要事項説明書、売買契約書に、その保険または供託についても記されており、万が一事業者が倒産しても、保険法人から補償してもらえます。供託の場合は法務局へ支払い請求をします。

　この事業者責任は令和2（2020）年4月に民法が改正されて「契約不適合責任」となりましたが、それまで「瑕疵担保責任」といわれていました。瑕疵担保責任では、買主は売主に対して、「損害賠償請求」と「契約の解除」を行うことができました。改正民法では契約不適合責任の内容として、「損害賠償請求」と「契約の解除」に加えて「履行の追完請求」と「代金減額請求」が認められています。履行の追完（契約どおり完全なものを引き渡す）を求めることと、履行の追完が実施されない場合や不十分な場合に代金の減額を求めるものです。

　法律によってこのような保証が義務付けられていることから、どの建築事業者も新築の場合は最低10年の保証をつけており、さらに各社で独自の方式により、10年より長い期間の保証をしている場合もあります。

　内装や建具などの保証期間は建物の主要構造部分と比べて短く、１年や２年などとなっています。保証期間を過ぎると有償の補修になりますので、期間内にチェックし、不具合は早く伝えましょう。設備はそれぞれの機器のメーカーの保証ですので、保証の対象や期間など、各保証書を確認してみましょう。

　なお、中古住宅の場合において、売主が不動産会社の場合は２年以上の保証が義務付けられています（P.39参照）。

第2章

❷ 定期点検と修繕

　住宅引渡しの際に、マイホームのセルフチェックやメンテナンスの説明書兼記録ノートを施主に贈ったり、最近ではハウスメーカーが顧客用アプリを提供することもあるようです。年月とともに家に痛みや汚れが生じることは当たり前ですので、人間の健康と同様に、記録をつけて管理することをお勧めします。

　人間の定期健康診断と同様に、専門スタッフによる定期点検は、どの建築会社でも実施しているようです。特に、新築後2年間に初期不良が見つかる可能性が高く、これらは無償点検である場合が多いようですが、その後は必要なメンテナンス工事（防蟻工事、屋根・外壁の塗り直し等）とセットの有償点検を勧められることが多いようです。これらのアフターサービスの内容と条件、期間、無償と有償の範囲など、保証のしかたは様々です。

　マイホームのメンテナンススケジュールは頭に入れておきましょう。通常、事前に連絡がありますが、定められた期間ごとに継続してメンテナンスを実施しないと、保証が受けられなくなる場合があり、また、建築した会社以外の会社に依頼したり、自分で手を加えたりするなど、勝手に改築や修繕を行うと保証を継続されなくなることもありますので、注意が必要です。

　なお、台風などの天災や事故などで修理が必要になった場合は、火災保険、地震保険によって保険料が支払われる場合があります。保険の内容も確認しておきましょう。

③ セルフケア

　固定資産税、定期点検や修繕などのメンテナンス費用、各種保険費用といったマイホームを維持するライフサイクルコストは、削りにくいものです。しかし、修繕となると多額の出費が伴いますので、セルフケアを心がけることで、コストをおさえることも可能です。日々のケア（清掃）を基本に、設備の定期的なチェックやパーツ交換などをして、故障などのトラブルを予防するとともに、経年劣化などによる傷みには早めに手を打ちましょう。

　こうした日々のセルフケアの成果を確認しアドバイスを受けるために、定期点検を活用しましょう。また、ユーザーのための無料相談専門窓口を設けているハウスメーカーもありますので、利用しましょう。

　それでも、専門業者に頼まなければできないメンテナンスや工事がありますので、メンテナンススケジュールを確認し、タイミングよく実施しましょう。

　このようなメンテナンスで家の寿命は延びます。将来、売却や賃貸物件にすることになった際の資産価値にも、影響すると考えられます。

3 増改築

① 増改築のこと

　住み続けていると、子どもが成長して手狭になったり、老親を呼び寄せたり、加齢に伴ってバリアフリー化が必要になったり、また最近では、リモートワークのスペースが必要になったりなど、入手した頃とは異なる家へのニーズが生じます。家具の配置換えなどで対応しきれなくなると、リフォーム工事（※）で利便性を改善するのか、二世帯住宅などへの本格的な増改築をするのか、このままにしていずれ手放して施設入居を考えるのかを検討するようになるでしょう。自分たちの終活と家の終活がリンクし始めます。

　増改築を考えるにあたっての確認事項は次のとおりです。
・都市計画法の準防火地域、防火地域に指定されていますか？
・建ぺい率と容積率の制限は何％？
・家の敷地面積は何㎡？
・今の延床面積は何㎡？
　これらについては、重要事項説明書に記載されています。

（※）住宅のリフォーム（改修）工事では、古くなった建物の構造には手をつけ
　　　ずに、内装や外装、設備などを新しくする。増築工事は、床面積が増える
　　　ものをいう。改築工事では、床面積は変更せずに、間取りを変更したり、
　　　構造に手を加えて作りなおす。

　新築の場合の建築確認制度についてP.16で説明しましたが、増築、改築、

移転さらには大規模修繕や模様替えの際にも建築確認申請が必要な場合が
あります。新築同様、中間検査や完了検査も受けます。万が一、この確認
を受けずに着工した場合には建築基準法違反となり罰則の適用もあります
ので、申請が必要かどうか建築士や行政窓口に確認しましょう。

　10㎡を超える増築工事の場合や、準防火地域、防火地域の増築工事の場
合は、届け出が必要です。もちろん増築により建ぺい率や容積率の制限を
超えてはいけません。

　リフォームのためのローンや住宅ローン控除（P.72参照）もありますの
で、役立てましょう。

　また、増築をすると不動産登記の内容が変わりますので、土地家屋調査
士に依頼して「建物表題変更登記」を行う必要があることもお忘れなく。

増改築にも
法令のチェックや届け出が
必要です

❷ 増改築の住宅ローン控除等

　住宅ローン控除（住宅借入金等特別控除）は、新築の住宅を取得した場合の他、増改築をした場合にも適用されます（P.49参照）。

　また、既存住宅について、耐震改修工事、バリアフリー改修工事、省エネ改修工事等を行った場合にその改修工事の標準的な工事費用相当額の10％を所得税から控除する制度があります。耐震改修工事の所得税の特別控除制度は増改築の場合の住宅ローン控除と併用できますが、バリアフリー改修工事や省エネ改修工事、多世帯同居改修工事に係る所得税の特別控除制度は増改築の住宅ローン控除とは選択適用です。

　なお、耐震改修工事やバリアフリー改修工事、または省エネ改修工事を行った場合には、それぞれ固定資産税の減額制度が適用されます（P.75参照）。

❸ 増改築の所得税額控除

　住宅ローンの利用の有無にかかわらず、省エネ改修工事などのリフォーム工事をした場合に、標準的な費用の額（補助金等の控除後）の10%の所得税額控除の適用が受けられます。標準的な費用の額は、省エネ改修工事の場合、令和4年1月1日以後居住の用に供した場合は、最高250万円（太陽光発電設備設置工事が含まれる場合は350万円）です。

　また、令和4（2022）年からは、上記の工事以外のその他のリフォーム工事も対象に加え、標準的な費用相当額の同額までの一定額の5％を所得税額から控除できます。

　主な要件は次のページの表のとおりです。

　なお、それぞれに詳細な要件が付されているため、実際の適用に当たってはそれらを確認してください。

増改築の所得税額控除の要件

工事	工事の要件	その他の要件
耐震改修工事	・昭和56年5月31日以前に建築された建物 ・新耐震基準に適合する耐震改修工事	○増改築した日から6か月以内に居住の用に供すること ○増改築後の家屋の床面積が50㎡以上で1/2以上が居住用であること ○合計所得金額が3,000万円以下 ○工事費用（補助金を除く）が50万円超
バリアフリー改修工事	下記のいずれかに該当する者が行う屋内段差解消等のバリアフリー工事 ①50歳以上、②要介護または要支援の認定を受けている者、③障害者、④65歳以上の親族または上記②、③の親族と同居する者	
省エネ改修工事	①窓の断熱工事およびそれと併せて行う床、天井、壁の断熱工事 ②①と併せて行う太陽光発電装置設置工事	
多世帯同居工事	キッチン、浴室、便所、玄関のいずれかの増設工事	
（耐震改修工事または省エネ改修工事と合わせて行う）耐久性工事	①外壁、床下、基礎等の劣化対策工事、給排水管等の維持管理工事等 ②長期優良住宅の認定基準に適合すること	

❹ 増改築の固定資産税

　住宅について、耐震改修工事やバリアフリー改修工事、または省エネ改修工事を行った場合にはそれぞれ固定資産税の減額制度が適用されます（令和 6 年 3 月31日まで）。

　いずれも改修工事が終わってから 3 か月以内に市町村に申告をすることが必要です。

①　耐震改修工事

　昭和57年 1 月 1 日以前から存する住宅に、50万円超の耐震改修工事を行った場合、120㎡を限度に翌年度分の固定資産税額の 1 / 2 （認定長期優良住宅に該当することになった場合は 2 / 3 ）が減額されます。なお、東京都23区内の場合には、120㎡まで全額減免となります。

②　バリアフリー改修工事

　新築されてから10年以上が経過した住宅で、①65歳以上の者、②要介護または要支援の認定を受けている者、③障害者である者が居住するものについて、50万円超のバリアフリー改修工事を行った場合、100㎡までを限度に翌年度の固定資産税の 1 / 3 が減額されます。改修後の家屋の床面積が50㎡以上280㎡以下であることが必要です。

③　省エネ改修工事

　平成26（2014）年 4 月 1 日に存していた住宅について60万円超の省エネ改修工事を行った場合、120㎡を限度に翌年度の固定資産税の 1 / 3 （認定長期優良住宅に該当することになった場合には 2 / 3 ）が減額されます。改修後の家屋の床面積が50㎡以上280㎡以下であるこ

とが必要です。

　省エネ改修工事とは、次の１．の改修工事または１．と合わせて行う２．３．４．の改修工事をいいます。

　　１．窓の断熱改修工事
　　２．床、天井、壁の断熱工事
　　３．太陽発電装置の設置工事
　　４．高効率空調機、高効率給湯器、太陽熱利用システムの設置工事

4　家と仕事

❶ 転勤

　せっかく取得したマイホームですが、転勤で転居しなければならないことがあるかもしれません。特に住宅ローン返済中の場合は、自宅をどうするかについては、慎重な判断が必要です。

　転勤が短期間の場合は、帰るときまで空けたままにしておくことになるでしょうが、「家は人が住まなくなると荒れる」といわれますので、管理のために定期的に戻ってこなくてはなりません。遠隔地では難しいので、留守宅の管理・手入れを親族に任せられると安心ですが、近くに頼める人がいない場合は、管理を代行してくれる不動産管理サービスを利用してはどうでしょう。ハウスメーカーや不動産会社、セキュリティ会社、専門会社やNPO団体などが、様々な空き家管理サービスを行っていますので、条件や料金に合うものを利用しましょう。

　留守の間に水道、電気、ガスを使わなくても、それらの基本料金の支払いが続きますので、契約を継続するかどうかも検討が必要です。水道は使わない間に管の中が汚れますので、留守中も定期的な通水をする方がよいようです。

　これら留守宅の管理にかかる費用に加えて、住宅ローンや固定資産税の出費も続きます。市区町村への転出届だけでなく、住宅ローンを利用している金融機関への住所変更届を忘れずに行いましょう。

　しかし、住んでもいないのにそれらの出費が続くとなると、かなりの負

担になります。赴任が2年を超えるようであれば、一時的に賃貸して費用を補うという選択があります。借り手を自分で探せる場合は直接賃貸できますが、貸す当てがない場合は不動産会社に依頼して、賃借人探しや契約、賃借料の徴収、明け渡し手続きなどを代行してもらうこともできます。いずれ自分たちが戻って住むことを考えて、定期借家契約の条件を決めましょう。

　なお、【フラット35】は、申込人またはその親族が住むための住宅取得資金用ローンなので、賃貸すると契約違反になってしまいます。民間の金融機関の住宅ローンも契約者の住まいのための融資ですので、賃貸するとなると賃貸用のローンに借り換えとなり、一般的に利率が上がります。しかし、転勤等のやむを得ない事情で一時的に居住できない場合、その住宅に戻ることを前提に賃貸することは可能なこともありますので、金融機関の窓口で相談したうえで、賃貸するかどうかを決めましょう。

　また、住宅ローン控除制度の適用期間中（住宅を取得して10年間又は13年間）に、家族全員で転居してしまうと、その間控除の適用が受けられなくなります。適用期間内に戻った場合は、残りの期間の適用を再開できます。単身赴任で家族が残っている場合は、適用を継続できます。

賃貸すると契約違反になることもあるので注意！

❷ 一時的な賃貸の不動産所得

　転勤に伴って一時的に空き家になる住宅を賃貸に出す場合、家賃をもらう（＝所得を得る）ことになりますので、所得税の課税が生じることを考えておきましょう。もっとも、家賃収入からその住宅の固定資産税や住宅ローンの借入利息などの必要経費を差し引いても利益が出ない家賃で貸しているという場合は、そもそも不動産による所得が生じませんので、税金は発生しません。

　家賃収入から必要経費を差し引いて残りがある（利益が出る）場合は、税金にも注意するようにしてください。

　不動産所得の詳しい説明は、P.153をご参照ください。

第2章

❸ リモートワーク対応

　令和元（2019）年に「働き方改革」を促進するための法律が施行され、政府による「働き方改革」が推進されてきました。子育てや介護、自身の病気や障害、加齢といった理由から就労条件が合わずに働けない方や、その他の多くの人が働きやすい多様な環境を整えようと、テレワークやサテライトオフィスの導入といった「会社に出勤する」以外の働き方が推奨されました。

　そして令和2（2020）年、新型コロナウイルスの感染拡大防止のために不要な外出を控えるよう呼び掛けられ、自宅からほとんど出ずに仕事や学習をリモートで行うというライフスタイルが、一気に普及しました。コロナ対策の一時的な在宅勤務にとどまらず、出社することが当たり前だった就業形態自体が多様化されて、会社以外の場所でも就業を認める会社が増えてきています。

　しかし、「自宅では仕事に集中できる場所がない」「オンライン会議をしている間、子どもたちを静かにさせるのが大変」という声があちこちから聞こえました。マイホームには子ども部屋・勉強部屋はあれども、会社員が仕事をするスペースはないことがほとんどです。家を休息や家族と過ごすための場として考えていた方が多いでしょうが、これからの家の機能について見直す機会になりました。

❹ リモートワークにかかる費用

　コロナ禍において自宅でのリモートワークが多くの会社で採用され、珍しいことではなくなりました。会社としても通勤手当の支給の必要がなく、そもそもリモートワークが可能になったことで通勤距離の概念が希薄になり、地方移住に対する関心が高まっています。その際、実家をリモートワークの拠点にする人も増えてきています。自然豊かな地域であれば、自然の中で子育てができる、あるいは高齢になった親の介護との両立が可能になるといったメリットはもちろん、（空き家などになっていた）家に「住む」ことよって、家自体の長寿命化にも寄与します。

　一方、会社側としては、リモートワークに伴う就業規則の改定などの労務問題をはじめとして、自宅で仕事するために発生する通信費、電気代、PC周りの費用をどう給与に反映するかなど、課題が多くあります。

　給与については、例えば一定額を支給されるような場合は、給与所得として給与の上乗せとなり、源泉所得税の対象になります。実費支給であれば単なる会社の経費であり、本人の所得税の対象にはなりません。しかし通信費や電気代のうち、どれだけをテレワークで使ったのか明らかにできるものでもないので、実際は給与の上乗せという形が多いと思われます。

❺ 家で事業

　会社員の自宅でのテレワークについて触れましたが、家を仕事場として活用するのは、特に自営業の方です。自宅で仕事ができれば、通勤のための時間もかかりませんし、自分のペースに合わせた働き方ができます。

　家を兼用住宅として建てられた方は、そのためのスペースを確保し、資金の手当てを考えられたことでしょう。兼用住宅の住宅ローン控除は居住用床面積が50%以上であることが要件で、居住用部分のみ控除の対象となっています。

　しかし、住居専用であった自宅でこれから事業を始めようとすると、事業によっては、許認可が必要であったり、建物のリフォームが必要であったり、住宅ローン等に影響があったりしますので、ポイントをお伝えします。

　まず、用途地域（P.11参照）の確認です。用途地域の制限に合致しない業種や規模の事業は行えないからです。

　そして、事業に必要な手続きや、建物や設備の要件を調べるとともに、関係機関や建築士・リフォーム会社に相談しましょう。

　例えば、第一種低層住居専用地域にある自宅でカフェ（喫茶店営業）を始めるとしましょう。第一種低層住居専用地域では、静かで良好な住環境を保つために、店舗や飲食店は小規模なものに限定されています。この条件下で店舗兼住宅にしようとすると、店舗床面積は50㎡以下かつ建物の延べ面積の2分の1未満にする必要があります。また、保健所で飲食店の営業許可をとるための、食品衛生法に定められた施設基準にも合致しなくてはいけません。店舗と自宅の区画を分けること、自宅用とは別の店舗用キッチンを設けて2槽以上の流しや戸がついた食器棚などを設置することなどの条件が地域ごとに定められています。加えて、食品衛生責任者の資格も

必要です。実際に営業許可をとるためには、図面を示し、立会い検査も受けます。さらに、消防署への届出も必要です。

　店舗ではなく、教室や事務所として自宅を使う場合は、リフォームしなくてもできるものもあるでしょうが、始めようとする事業のためにどんな準備が必要か調べ、資金計画を立てたうえで実行に移しましょう。

　住宅ローンとも関連します。住宅ローン返済中に専用住宅から兼用住宅に変更すると、住宅ローンの契約に反することになりますので、金融機関との事前相談が重要です。開業資金の融資を考えているならば、なおさらです。【フラット35】（P.45参照）では、融資住宅の一部を店舗・事務所に変更するときは、面積に応じて融資金の全部または一部を繰り上げて返済することを求めています。また、住宅ローン控除については、「床面積の2分の1以上の部分が居住の用であること」という条件があります。住宅ローン控除を受けている途中で、事業や賃貸をすることにより居住部分が1/2に満たなくなると、その年以後は住宅ローン控除の適用はできなくなります。

　最も忘れてはならないことがあります。そもそも、住まうために取得した家です。そこで仕事を始めれば、家族も巻き込むことになります。家族の同意、協力を確認したうえで動きましょう。自宅で事業を始めると住所を表示しなければならないので、プライバシーの侵害が心配です。レンタルオフィスやシェアオフィスを利用することで、ビジネス用の住所を得るという手段もあります。

　また、これまで以上に周辺環境への配慮をして、近隣の方々にも新しい事業を盛り立てていただけるように気を配りましょう。

❻ 事業所得（雑所得）

　事業を始める場合、事業開始の日から１か月以内に税務署に「開業届出」を提出します。また、会社勤めの給与所得者と違い、会社が源泉徴収をしてくれるわけではありませんので、自分で自分の所得を計算して、税金を納めることになります。個人事業として始める場合は所得税を、会社（法人）を設立する場合は法人税や法人地方税を申告納税します。基準期間（２年前）の課税売上が1,000万円を超えていれば消費税の申告納税義務も生じます。

　自分で所得を計算する際には、経費の扱いに注意が必要です。自宅で仕事をしている場合、電気代や通信代なども当然に仕事で必要ですが、電気代や通信費のうちどこまでが事業として使っているのかを計算して、経費と家事費（生活費）部分に按分しなければなりません。按分方法は、使用しているスペースの面積割合であったり、仕事をしている時間であったり、それぞれの経費に応じて妥当な割合を決め、原則として毎年その割合を使うことが必要です。

　主な経費は次のようなもののうち、家事費以外の部分です。

経費となるものの例

○売上原価（商品の仕入れなど）
○租税公課（固定資産税等　※所得税や住民税は経費になりません）
○給与（生計を一にしている親族に支払う給与については届出が必要）
○通信費
○水道光熱費
○地代家賃

〇損害保険料

〇減価償却費

〇会議費等

〇事務用品費

〇借入金の利子

　個人事業を事業として始める場合、青色申告を申請すると次のような税金のメリットがあります。

青色申告の主な特典

種類	内容
青色申告特別控除	65万円（55万円）、または10万円を控除できる（※）
専従者給与	事業的規模で行っている事業で、届出の範囲内の適正額で必要経費に算入できる
純損失の繰越控除	翌年以降 3 年間繰越控除
純損失の繰戻還付	前年分の所得にかかる税金から還付

（※）不動産所得または事業所得のある事業者が正規の簿記の原則に従って記帳し、貸借対照表および損益計算書を申告書に添付している場合は55万円、さらに電子帳簿保存法に基づく帳簿保存を行っているかe-Taxで申告書や青色申告書を提出している場合は65万円、それ以外は10万円を控除する（10万円控除は山林所得でも適用可）。

　青色申告承認申請書はその年の 3 月15日まで（その年の 1 月16日以後に開業した場合には開業の日から 2 か月以内）に所轄税務署に提出します。

　ただし、事業所得と認められるかどうかは、その所得を得るための活動が、社会通念上事業といえる程度で行なっているかどうかで判定します。

　収入金額が300万円を超え、かつ、事業所得と認められる事業であれば

問題ありませんが、この収入金額が300万円以下で主たる所得でない場合などは「概ね事業所得」に当たります（下表参照）。取引を記録した帳簿書類の保存がない場合は事業所得ではなく、雑所得に該当することになります。

　雑所得は青色申告の制度はありませんので上記の特典の適用はありません。雑所得は、赤字を他の所得と損益通算することもできません。給与所得者が副業として収入を得るケースでは帳簿の記載と保存に留意しましょう。

事業所得と業務に係る雑所得の区分

記帳、帳簿書類の 保存あり	記帳・帳簿書類の 保存なし	収入金額
概ね事業所得 （収入金額が300万円以下で収入が本業の1割未満の場合や、赤字継続で赤字解消の取り組みをしていない場合は個別判断）	概ね業務に係る雑所得 （事業所得と認められる場合は事業所得とする）	300万円超
	業務に係る雑所得	300万円以下

〈雑所得の所得計算方法〉

・2年前の業務に係る雑所得の収入金額が300万円以下の場合は現金主義による所得計算が可能

・2年前の業務に係る雑所得の収入金額が300万円を超える場合は発生主義による所得計算が必要。現金預金取引等関係書類の5年間保存が必要

・2年前の業務に係る雑所得の収入金額が1,000万円を超える場合は収支内訳書の添付が必要

第3章

家と終活

　本章は、マイホームを持っている終活世代Cさんのような方が家と別れると「家生」には何が起こるのか、または親の持っていた家を相続したDさんにとってはどうかなど、マイホームの終活を検討していただくために設定しました。

　終活と聞くと「終わり」のイメージが強いですが、家の場合は人とは異なります。家のオーナーが人生の終焉や転居によってその家と別れることは、家にとっては新たなオーナーとの「家生」の始まりともなるはずです。ところが、次の「家生」について準備をしていないと、家の将来が行き詰まり、使い手がない「空き家」になる危険があります。

1 空き家問題

　家にも終活の時期が来ます。家の傷みがひどくなったとき、またはオーナーが変わるときです。

　後者については、人生の終活とともに考えておく必要があります。可能な限り家で一生を終えて配偶者や子どもに家を残すのか、子どもと同居してその子に家を譲るのか、家を処分して施設に入居するのか、はたまた家を元手に老後資金を手当てしたいのかなど。

　さらに、親からご自身が引き継ぐ場合についても考えましょう。

　さて、その手始めとして、マイホームに関する書類（P.59の表を参照）が揃っているか、確認しましょう。そもそも、どこにしまってあるかわかりますか？

　それらの確認から始めましょう。

❶ 空き家はなぜ発生するか

空き家になってしまう大きなきっかけは、相続といわれています。

持ち主がいなくなった家を空き家として放置するのではなく、オーナーのご家族で住み続けるのであれば、持ち主の変更にすぎません。「いずれは住むつもりだが仕事などの都合があり、しばらく賃貸にする」という場合も、これに含まれる流れです。

一方、相続した方が住む見込みがないのであれば、売却を検討することになるでしょう（第3章 ④ P.128参照）。ところが、売却したくても売れない、という例がとても多いのです。残念ながら人口減少時代の現代においては、我が国の総住宅数は6,240万戸で、総世帯数5,400万世帯よりも多く存在し（平成30年（2018）10月1日現在）、買い手がつきやすい所もあれば、購入価格よりも相当安くしても買い手がつかない所もあります。また、立地はよくても、買い手がつきにくい理由がある場合もあります。

そこで、賃貸物件などにして活用するという選択肢が生まれます。いずれ住むつもりの一時的な賃貸の場合と異なり、建物を活用するということであれば、住宅だけでなく幅広い検討が必要です。第3章 ⑤ P.147でご説明します。

住まないし、売れないし、活用の当てがないという場合は、そのままになりがちです。これが空き家となる最も多いパターンです。問題があって相続手続きが終わらないという場合もありますし、所有者や関係者の高齢化が原因になる場合もあります。所有者が高齢者施設等に入所しており、家がそのままになっている実質的な空き家。これらについては第3章 ④－③P.134でご説明します。

いっそ誰かに役立ててもらおうとして「寄附」という選択をする場合については第3章 ⑥ P.160、家は取り壊して処分しやすい土地にするという

選択については第3章 7 P.165で説明します。

　このような家の行く末について、家の処分に困ってから考えるのでは遅いのです。家の老朽化と荒廃が進み、費用はかさむ一方です。「空き家」対策には、まず「空き家」にしないことです。「空き家」になる前にどういう方針をとるかを関係者で決めて、手を打っていく必要があります。

❷ 所有者不明土地問題

　家のオーナーが亡くなったり（相続）、オーナーチェンジ（贈与、売却、寄附）で所有者が変わったりしたときは登記が必須です。そもそも登記記録によって所有者であると証明できなければ、不動産の売買や賃貸などができません。ところが相続登記がなされずに放置され、所有者が不明の土地が増えてきてしまいました。

　所有者不明土地とは、不動産登記簿で所有者がわからない土地や所有者と連絡がとれず放置されたままの土地をいい、土地の利活用の障害や近隣住民への負荷等が大きな社会問題となっています。

①　不動産登記法の改正

　このようなことから令和3（2021）年4月に不動産登記法が改正され、相続の開始があったことを知り、かつ所有権を取得したことを知った日から3年以内に相続登記の申請をすることが義務化されました。正当な理由なく申請をしない場合には10万円以下の過料も定められています。

　なお、それまでに遺産分割ができない場合には、相続が開始した旨と自らが相続人である旨を法務局の登記官に申し出ることで、相続登記の申請を履行したものとみなされます（相続人申告登記といいます）。この場合、登記官の職権で登記が行われ、登録免許税は非課税となります。相続人申告登記は、特定の相続人が単独で申請することもできますが、相続登記と異なり第三者に対しての対抗力はありません。また、相続人申告登記後に遺産分割が成立した場合は、その日から3年以内に所有権移転登記の申請が必要です。

　この改正は、令和6（2024）年4月1日から施行されますが、施行日前に相続が発生していた場合でも、相続登記していない不動産があれば、令

和6（2024）年4月1日以降は義務化の対象になります。

　また、令和8（2026）年4月までに、所有者の住所変更登記も義務化されることになりました。

②　所有者不明土地・建物の管理制度の創設

　財産の所有者が行方不明の場合には、その管理については家庭裁判所が不在者財産管理人を選任する制度がありますが、この制度では、不在者財産管理人は行方不明者の全財産を管理することが必要となり、家など特定の財産に限って管理することはできません。

　そこで、民法改正により新たに、所有者が不明な土地・建物について、利害関係人が裁判所に請求することで管理人を選定して、個々の土地や建物の管理をさせることができる制度が創設されました。

　さらに、所有者がわかっていても管理が行き届いていない土地や建物についても、利害関係人の請求によって、管理人を選任して管理させることもできるようになりました。

　その他、裁判所の許可を得れば所在等が不明な共有者がいる場合でも、その持ち分を取得することや売却もできるという「所在等不明共有者持ち分の取得」や「所在等不明共有者持ち分の譲渡」の制度も手当てされ、放置された状態の空き家問題の最終手段として期待されています。

　これらの制度は、令和5（2023）年4月1日から段階的に施行されます。

★☆ワンポイントアドバイス☆★

法定相続情報証明制度

　相続が発生すると、相続財産を取得した相続人は故人が有していた不動産や金融資産の名義変更をする必要が生じる。その手続きの際に求められるのは、故人の法定相続人であることを証明する戸籍関係の書類だが、故人が多くの銀行や証券会社に口座を有していた場合などでは、その都度、戸籍謄本等の原本一式を提出する必要があり、煩雑で時間もかかる。

　このような場合には、相続人または司法書士等の代理人が戸籍謄本等を基に作成した法定相続情報一覧図を登記所に提出し、登記官による認証文を付した写しを交付してもらう『法定相続情報証明制度』を利用することで、相続登記や預金の払い戻し等の相続手続きの際に戸籍謄本の束を提出することが省略できる。

法定相続情報の例（配偶者・親一人である場合の例）

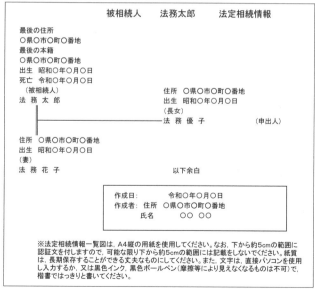

（出典）法務局

2　不動産の相続

本節では、家やその土地の相続の考え方と税金の関係について、お伝えします。

〈参考〉「相続の基礎知識」（P.124）に、相続に関する基本的な説明をまとめていますので、そちらもご覧ください。

❶ 相続と"家"

家の所有者が亡くなった場合、残された家族（相続人）は故人の遺言または相続人間の遺産分割協議を通してその家を引き継ぎます。

遺言で取得者が指定されていれば相続登記もすぐできますが、遺言がない場合は遺産分割協議によらざるを得ず、遺産の洗い出しから分割の話し合いに少なくとも数か月はかかります。

主たる財産が家で預貯金が少ないというケースでは、相続人間の平等を実現するために、家を取得する相続人が他の相続人に自らの財産（現金など）を渡す必要が出てきます。このような分割方法を「代償分割」と呼びます。代償分割では、代償として渡す現金をどのように準備するかが課題です。

また、家が主たる財産でも、相続人が誰も欲しがらないということになると、売却して売却代金を分けようという話になるでしょう。このような分割方法は「換価分割」といいます（遺産の現物を分割する方法は「現物分割」と呼びます）。

さらに、相続人間で争いがあるような場合には、取得者が決定するまでに相当な日数がかかり、その間、家のメンテナンスがなおざりにされることがあります。それは家族にとっても家にとっても不幸なことですので、

生前から家族でよく話し合うこと、遺言を作成することなど、基本的な相続対策を行っていくことが大切です。

　一方、残された家族のマイホームとして継続して使っていくための制度が整えられています。民法に創設された「配偶者居住権」や相続税における「小規模宅地等の特例（P.100参照）」などです。

　配偶者居住権は、相続開始時において無償で被相続人の遺産である建物に住んでいた配偶者について、最低 6 か月の居住権（配偶者短期居住権）、または一定の要件のもとで長期（原則終身）の居住権（配偶者居住権）を認めるというものです。配偶者居住権は登記をすることで、第三者に対抗することができます。

　配偶者居住権は、その名のとおり居住する権利ですので、家や土地の所有権（配偶者居住権の評価を除いた部分）は別の相続人が取得します。これにより配偶者に遺産が偏りすぎることを防止しつつ、配偶者の住む権利を確保することができます。

　配偶者居住権の税務の取り扱いや小規模宅地等の特例に関しては後述します。

第
3
章

遺された方が住まう
ための家の問題です！

❷ 相続問題の発生原因

　遺産分割協議において実家の取得者が決まらないケースが、特に二次相続において増えています。夫婦で住んでいた住居の、一次相続（夫婦のうち先に亡くなった方の相続）では、残された配偶者が取得するとしても、その後の二次相続では空き家状態になりがちです。

　取得者が決まらない理由には、子は故郷を離れており既に別の家を持っている、または持っていなくても実家に戻るつもりはない、といった事情が多く見受けられます。

　やむを得ないようにも思えますが、親が生きているうちに実家をどうするかという話し合いができていれば、状況は変わっていたかもしれません。

　もっとも、その話し合いができないという場合もあります。急死や認知症の発症などにより親の意思が確認できなかった場合や、相続人側も高齢化による支障が出た場合などです。

　認知症対策としては、任意後見制度が利用できます。任意後見制度とは、認知症などの場合に備えて、あらかじめ本人が選んだ人（任意後見人）に財産管理や契約・手続きなどを代行してもらう制度です。任意後見契約は公正証書により締結します。任意後見人には、未成年者や一定の事由がある人を除いて、自分の家族や親戚、弁護士や司法書士等の専門家の他、友人でもなることができます。法人との契約もできます。実際に判断能力が低下した際には、任意後見監督人（任意後見人の監督人）の選任を家庭裁判所に申し立てて選任されることで、任意後見人による支援が始まります。なお、任意後見制度などの成年後見制度を一度利用すると基本的には途中でやめることはできません。

　また、家族信託を利用する方法もあります。家族信託は財産管理を家族

に委託する契約です。家族信託は、本人が「委託者」となり、「受託者」
として定めた家族に財産の管理・処分の権限を与え、「受益者」が利益を
受け取るものです。親が元気なうちは親（委託者）自身を受益者とするケー
スが多くあります。信託の仕組みでは、二次相続以降の遺産分けの指定も
可能である点など、任意後見制度にはないメリットもあります。

　一方、家族信託は財産管理が目的であるため、本人に代わって入院や介
護施設の手続きなどの法律行為を行うことはできません。

　高齢者の 5 人に 1 人が認知症になる時代といわれています。元気なうち
に話し合いの機会を設けることを心がけたいものです。

第3章

❸ 遺留分制度

① 遺留分とは

　被相続人の遺産のうち、民法において法定相続人に留保されている一定の権利のことをいいます。遺留分は、配偶者と子（被相続人死亡時に子が死亡していた場合には代襲相続人）、直系尊属に権利があり、被相続人の兄弟姉妹に遺留分はありません。

　遺留分の権利者と総体的遺留分割合（相続人の遺産に占める割合）は次表のとおりです。

遺留分の権利者（相続人）と総体的遺留分

相続人	遺留分
子のみ	1/2
配偶者のみ	1/2
配偶者と子	1/2
配偶者と直系尊属	1/2
直系尊属	1/3

　各相続人の遺留分は総体的遺留分に法定相続割合を乗じて算出します。

　遺留分算定のための財産の価額は、被相続人の相続開始時の財産価額に、相続開始前1年間にした贈与（※）の価額と当事者双方が遺留分権利者に損害を加えることを知って行った贈与の価額を加算した価額から相続債務額を控除して求めます。

（※）相続人に対する贈与については、改正により相続開始前10年間にした贈与で「婚姻または養子縁組のためまたは生計の資本として受けた贈与の価額」（特別受益）に限って算入します。

②　遺留分制度の改正

　平成30（2018）年の民法の改正のひとつに、遺留分の算定基礎となる相続人に対する特別受益の範囲を相続開始前10年間に行われたものに制限する、という遺留分に関する改正がありました（ただし、当事者双方が遺留分権利者に損害を与えることを知って行った贈与については、贈与の時期に関係なく遺産に加算します）。

　さらに令和 3 年 4 月に民法が一部改正され、遺産分割の定めにおいても、「相続開始時から10年を経過した後にする遺産分割では、原則として特別受益及び寄与分を主張できない」こととされました。この改正は令和 5 （2023）年 4 月 1 日が施行日ですが、施行日前に発生した相続にも適用されることになっています。この場合、猶予期間として、施行日において既に相続開始から10年以上経過している場合は施行日から 5 年間は従来どおり特別受益や寄与分を主張できます。また、相続開始から10年後より施行日から 5 年の方が遅いケースでも、施行日から 5 年、つまり、令和10（2028）年 3 月までは主張できます。

　したがって、遺産分割において特別受益や寄与分を主張したい場合には、原則として相続開始から10年以内に家庭裁判所に遺産分割の調停等を申し立てる必要があります。

　これらの改正により、管理や処分の阻害要因となっていた遺産分割未了の資産の増加を抑制し、所有者不明土地の発生を防ぐ効果が期待されます。

第
3
章

❹ 小規模宅地等の特例

　相続により一定の要件を満たす居住用の宅地や事業用の宅地を取得した場合に、相続税の課税価格が減額できる制度があります。

　小規模宅地等の特例といい、下表のとおり、80%または50%の減額ができます。

減額される割合等

用地の種類	減額割合	限度面積
特定居住用宅地等	80%	330㎡
特定事業用宅地等	80%	400㎡
貸付事業用宅地等	50%	200㎡
特定同族会社事業用宅地等	80%	400㎡

　それぞれ、次ページの表のように、要件が細かく定められています。

特定居住用宅地等の要件

区分		特例の適用要件	
		取得者	取得者等ごとの要件
① 被相続人の居住の用（※1）に供されていた宅地等（※2）		1　被相続人の配偶者	「取得者ごとの要件」はありません
		2　被相続人の居住の用に供されていた一棟の建物に居住していた親族（※3）	相続開始の直前から相続税の申告期限まで引き続きその建物に居住し、かつ、その宅地等を相続開始時から相続税の申告期限まで有していること
		3　上記1および2以外の親族	次の（1）から（6）の要件をすべて満たすこと （1）　居住制限納税義務者または非居住制限納税義務者のうち日本国籍を有しない者ではないこと （2）　被相続人に配偶者がいないこと （3）　相続開始の直前において被相続人の居住の用に供されていた家屋に居住していた被相続人の相続人（相続の放棄があった場合には、その放棄がなかったものとした場合の相続人）がいないこと （4）　相続開始前3年以内に日本国内にある取得者、取得者の配偶者、取得者の三親等内の親族または取得者と特別の関係がある一定の法人が所有する家屋（相続開始の直前において被相続人の居住の用に供されていた家屋を除きます）に居住したことがないこと。 （5）　相続開始時に、取得者が居住している家屋を相続開始前のいずれの時においても所有していたことがないこと。 （6）　その宅地等を相続開始時から相続税の申告期限まで有していること。
② 被相続人と生計を一にしていた被相続人の親族の居住の用に供されていた宅地等		1　被相続人の配偶者	「取得者ごとの要件」はありません。
		2　被相続人と生計を一にしていた親族	相続開始前から相続税の申告期限まで引き続きその家屋に居住し、かつ、その宅地等を相続税の申告期限まで有していること。

（※1）介護の必要があったために養護老人ホームに入所したなどの理由で被相続人の居住の用に供されなくなった宅地でも、その後に他の人が住んでいたり事業の用に供していなければ被相続人の居住の用に供しているものとされます。

（※2、3）二世帯住宅であっても、区分登記していない一棟の建物の場合は、被相続人の親族の居住の用に供されていた部分も同居親族として特例の対象になります。区分登記されている一棟の建物の場合は、被相続人の居住の用に供されていた部分に居住していた親族のみ適用になります。

（出典）国税庁ホームページ

特定事業用宅地等の要件

区分		特例の適用要件
被相続人の事業に供されていた宅地等	事業承継要件	その宅地等の上で営まれていた被相続人の事業を相続税の申告期限までに引き継ぎ、かつ、その申告期限までその事業を営んでいること
	保有継続要件	その宅地等を相続税の申告期限まで有していること
被相続人と生計を一にしていた被相続人の親族の事業に供されていた宅地等	事業継続要件	相続開始の直前から相続税の申告期限まで、その宅地等の上で事業を営んでいること
	保有継続要件	その宅地等を相続税の申告期限まで有していること

（出典）国税庁ホームページ

貸付事業用宅地等の要件

区分		特例の適用要件
被相続人の貸付事業の用に供されていた宅地等	事業承継要件	その宅地等に係る被相続人の貸付事業を相続税の申告期限までに引き継ぎ、かつ、その申告期限までその貸付事業を行っていること
	保有継続要件	その宅地等を相続税の申告期限まで有していること
被相続人と生計を一にしていた被相続人の親族の貸付事業の用に供されていた宅地等	事業承継要件	相続開始前から相続税の申告期限まで、その宅地等に係る貸付事業を行っていること
	保有継続要件	その宅地等を相続税の申告期限まで有していること

(注1)「準事業」とは、事業と称するに至らない不動産の貸付けその他これに類する行為で相当の対価を得て継続的に行うものをいいます。

(注2)相続開始前3年以内に新たに貸付事業の用に供された宅地等であっても、相続開始の日まで3年を超えて引き続き特定貸付事業（貸付事業のうち準事業以外のものをいいます。以下同じです。）を行っていた被相続人等のその特定貸付事業の用に供された宅地等については、3年以内貸付宅地等に該当しません。

（出典）国税庁ホームページ

❺ 配偶者居住権の評価

　配偶者居住権とは、夫婦の一方が亡くなった場合に、残された配偶者が亡くなった人が所有していた建物を所有しなくてもそこに無償で住むことができる権利をいいます。法定相続分の考え方では必ずしも配偶者の生活が守られないというところから、民法の改正によって生まれた制度です。

　具体的には、自宅建物やその敷地を、所有権部分と居住権部分に区別して考えます。

　所有権は配偶者以外の相続人が取得して、居住権は配偶者が取得します。配偶者居住権も所有権と同様、登記が必要です（登録免許税は0.2%）。

配偶者居住権のイメージ
（夫が亡くなり、妻と子１人で遺産分割する場合）

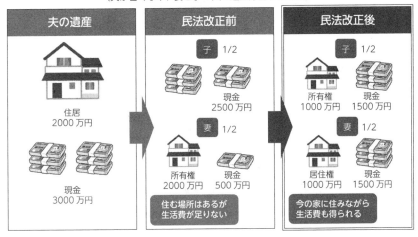

（出典）法務局「配偶者居住権とは」を基に作図

評価方法は次のとおりです。

配偶者居住権の価額

$$\text{居住建物の相続税評価額}^{(※1)} - \text{居住建物の相続税評価額}^{(※1)} \times \frac{\text{耐用年数}-\text{経過年数}-\text{存続年数}}{\text{耐用年数}-\text{経過年数}} \times \text{存続年数に応じた法定利率による複利現価率}$$

（※1）居住建物の一部が賃貸の用に供されている場合または被相続人が相続開始の直前において居住建物をその配偶者と共有していた場合には、次の算式により計算した金額となります。

$$\text{居住建物が賃貸の用に供されておらず、かつ、共有でないものとした場合の相続税評価額} \times \frac{\text{賃貸の用に供されている部分以外の床面積}}{\text{居住建物の床面積}} \times \text{被相続人が有していた持分割合}$$

居住建物の価額

$$\text{居住建物の相続税評価額} - \text{配偶者居住権の価額}^{(※2)}$$

（※2）上記「配偶者居住権の価額」で求めた配偶者居住権の価額です。

敷地利用権の価額

$$\text{居住建物の敷地の用に供される土地の相続税評価額}^{(※3)} - \text{居住建物の敷地の用に供される土地の相続税評価額}^{(※3)} \times \text{存続年数に応じた法定利率による複利現価率}$$

（※3）居住建物の一部が賃貸の用に供されている場合または被相続人が相続開始の直前において居住建物の敷地を他の者と共有し、もしくは居住建物をその配偶者と共有していた場合には、次の算式により計算した金額となります。

居住建物が賃貸の用に供されておらず、かつ、土地が共有でないものとした場合の相続税評価額 × $\dfrac{居住建物の賃貸の用に供されている部分以外の部分の床面積}{居住建物の床面積}$ × 被相続人が有していた居住建物の敷地の持分割合と当該建物の持分割合のうちいずれか低い割合

居住建物の敷地の用に供される土地の価額

居住建物の敷地の用に供される土地の相続税評価額	−	敷地利用権の価額[※4]

（※4）前ページの「敷地利用権の価額」で求めた敷地利用権の価額です。

【具体例】

配偶者居住権等の価額の具体的計算例を示すと次のとおりです。

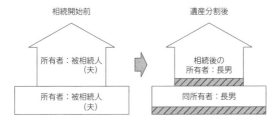

相続開始前　　　　　　　　遺産分割後

所有者：被相続人（夫）　　相続後の所有者：長男

所有者：被相続人（夫）　　同所有者：長男

※ ⬛ 部分は、配偶者居住権または敷地利用権の評価をする部分のイメージです。

相続税評価額：建物 2,000 万円
　　　　　　　　土地 5,000 万円
建物建築日：2010 年 12 月 1 日
建物構造：木造
相続開始日：2020 年 10 月 1 日
賃貸の有無：無
建物所有者：被相続人（夫）
土地所有者：被相続人（夫）

遺産分割日：2021 年 3 月 20 日
配偶者の年齢：80歳10か月（分割時）
平均余命：11.71年
配偶者居住権存続期間：終身
法定利率：3％
建物相続人：長男
土地相続人：長男

第3章

[配偶者居住権の価額]

（居住建物の相続税評価額）　　（居住建物の相続税評価額）
　　2,000万円　　　－　　　　2,000万円　　×

（耐用年数）（経過年数）（存続年数）
$$\frac{33年 － 10年 － 12年}{33年 － 10年} × 0.701 = \underline{13,294,783円}$$
　　　　　　（耐用年数）　（経過年数）　　（複利現価率）（配偶者居住権の価額）

（参考）　耐用年数：33年（22年×1.5(※5)）

経過年数：10年（2010年12月1日から2021年3月20日の10年3か月）

存続年数：12年（第22回生命表に基づく平均余命11.71年）

複利現価率：0.701（端数処理前0.7014）

（※5）減価償却資産の耐用年数等に関する省令に定める住宅用の耐用年数
　　を1.5倍したものを用います。

[居住建物の価額]
（居住建物の相続税評価額）　（配偶者居住権の価額）　（居住建物の価額）
　　2,000万円　　－　　13,294,783円　＝　\underline{6,705,217円}

[敷地利用権の価額]

｛居住建物の敷地の用に供される土地の相続税評価額｝　｛居住建物の敷地の用に供される土地の相続税評価額｝　（複利現価率）　（敷地利用権の価額）
　　5,000万円　　－　　5,000万円　　×　　0.701　＝　\underline{14,950,000円}

[居住建物の敷地の用に供される土地の価額]

｛居住建物の敷地の用に供される土地の相続税評価額｝　（敷地利用権の価額）　（居住建物の敷地の価額）
　　5,000万円　　－　　14,950,000円　＝　\underline{35,050,000円}

（出典）国税庁「タックスアンサーNo.4666　配偶者居住権の評価」を基に作成

　建物が古く（残存耐用年数が短い）、配偶者の年齢が低いほど、配偶者居住権の評価は高くなり、所有権の評価は低くなります。土地についても配偶者の年齢が低いほど敷地利用権の評価は高くなります。

　配偶者居住権の特徴のひとつに、配偶者居住権を取得した配偶者が死亡した場合には、配偶者居住権は消滅し、配偶者の相続財産にはならないことが挙げられます。

　一方、配偶者居住権を設定した後に、所有者との間で合意解除したり放棄したりして、配偶者がその対価を得た場合は、譲渡所得（総合課税）としての課税が行われます。対価を得ない場合は、反対に所有者に対して贈与税が課税されます。

　譲渡所得（総合課税）として申告する場合は次のように計算します。

総合課税の譲渡所得

短期譲渡所得 （所有期間（※1）5年以内）	譲渡所得（譲渡収入−取得費（※2）−譲渡経費）−50万円
長期譲渡所得 （所有期間（※1）5年超）	｛譲渡所得（譲渡収入−取得費（※2）−譲渡経費）−50万円｝×1／2

（※1）配偶者居住権の所有期間は被相続人が建物等を取得した日から譲渡した日までの期間。
（※2）配偶者居住権の取得費は、権利の設定時の取得費（被相続人が取得したときからの減価の額を控除した金額）に配偶者居住権割合を乗じて、設定時から消滅等の日までの配偶者居住権としての減価の額を控除した金額。

　配偶者居住権の譲渡は総合課税であり、分離課税ではありません。このため、3,000万円の特例控除（P.141参照）など、居住用財産の譲渡所得の特例の適用はないことに留意する必要があります。

❻ 贈与税

それではここで、家や家を購入するための資金を贈与する場合の税金について見ていきましょう。

① 暦年贈与とは

贈与税は、年間に110万円までの贈与には課税されません。これを贈与税の基礎控除といいます。贈与税の計算は、毎年1月1日から12月31日までに贈与された財産の価格（課税価格）から基礎控除110万円を控除した金額に贈与税の税率（下表）を乗じて算出します。贈与税は、受贈者が翌年2月1日から3月15日までに申告と納税を行います。この、1年間（暦年）で、贈与額が110万円以下ならば贈与税がかからないというしくみを用いて贈与する贈与方法を暦年贈与といいます。

一般贈与（税率表）

例えば、兄弟間の贈与、夫婦間の贈与、親から子への贈与で子が未成年者の場合などに使用します。

基礎控除後の課税価格	200万円以下	300万円以下	400万円以下	600万円以下	1,000万円以下	1,500万円以下	3,000万円以下	3,000万円超
税率	10%	15%	20%	30%	40%	45%	50%	55%
控除額	−	10万円	25万円	65万円	125万円	175万円	250万円	400万円

贈与者の死亡前3年(注)以内に暦年贈与された財産は、相続税の課税価格に加算することとされています。

(注)令和6年1月1日以後に贈与された財産については、死亡前7年以内。ただし死亡前3年超7年以内の贈与財産は財産の価額の合計額から100万円を控除した残額を加算する。

特例贈与財産（特例税率表）

　贈与により財産を取得した者（贈与を受けた年の 1 月 1 日において18歳以上の者に限る）が、直系尊属（父母や祖父母など）から贈与により取得した財産にかかる贈与税の計算は、下記の特例税率表で計算します。

　例えば、祖父から孫への贈与、父から子への贈与などに使用します。

　なお、令和 4 年 4 月 1 日より成人年齢が18歳となりました。その前の贈与については「20歳」以上の者への贈与が対象です。

基礎控除後の課税価格	200万円以下	400万円以下	600万円以下	1,000万円以下	1,500万円以下	3,000万円以下	4,500万円以下	4,500万円超
税　率	10%	15%	20%	30%	40%	45%	50%	55%
控除額	－	10万円	30万円	90万円	190万円	265万円	415万円	640万円

②　直系尊属から住宅取得等資金の贈与を受けた場合の非課税制度

　令和 5 （2023）年12月31日までに18歳以上（令和 4 年 3 月31日までは20歳以上）で、合計所得金額が2,000万円以下である者が、一定の住宅用家屋の新築や取得、または増改築に充てるための金銭を直系尊属からの贈与により取得した場合に、贈与税を非課税とする制度です。

　住宅の床面積は50㎡（贈与を受けた年の合計所得金額が1,000万円以下の場合には40㎡）以上240㎡以下で床面積の 2 分の 1 以上が受贈者の居住用であることが必要です。

　非課税限度額は、次のように定められています。

　1．耐震、省エネまたはバリアフリー住宅……1,000万円

　2．上記以外……500万円

　なお、中古（既存）住宅の場合には、築年数にかかわらず新耐震基準に適合している住宅（登記簿上の建築日付が昭和57年 1 月 1 日以後の家屋については、新耐震基準に適合している住宅とみなされます）であること等

第3章

の要件が付されています。

③ 相続時精算課税制度

　贈与税の基礎控除110万円（暦年贈与）との選択で適用できるものに、相続時精算課税制度があります。

　適用には、贈与者は60歳以上（※１）の直系尊属（父母・祖父母等）で、受贈者は18歳（令和４年３月31日までは20歳）以上の子・孫等である必要があり、累計で2,500万円（※２）までの贈与を非課税とし、それを超えた分については一律20％の税率で課税されます。

　また、この制度を使って贈与された財産はすべて贈与者の相続財産に加算され、相続時に精算されます。このように相続時精算課税制度は、贈与税と相続税を一体として課税する制度です。

（※１）前掲②の住宅取得等資金の贈与の特例に相続時精算課税制度を合わせて利用する場合は贈与者の年齢制限はありません。

（※２）令和６（2024）年１月１日より別途基礎控除110万円を控除でき、贈与者の相続財産に加算する際は基礎控除110万円を除いて加算することとされます。

④ 贈与税の配偶者控除

　婚姻期間が20年以上である配偶者から、居住用財産や居住用財産を取得するための金銭の贈与を受けた場合に、基礎控除110万円の他に2,000万円まで非課税とする制度です。

　贈与を受けた翌年の３月15日までに居住し、その後も引き続き居住する見込みであることが必要です。なお、この特例は同一の配偶者で一度だけ受けられる特例です。

　贈与税の配偶者控除で贈与された分は、３年以内加算（※）の対象にはなりません。

（※）３年以内加算についてはP.108の（注）を参照。

3　空き家と相続

本節では、空き家とその土地の管理の問題について、お伝えします。

❶ 相続による空き家問題

　空き家の取得原因の55%は相続によるもので、空き家所有者の約3割が
その家の遠隔地に居住しているという現状があります。空き家にしておく
理由として、「解体費用や労力・手間をかけたくない」という消極的な理
由の他、「特に困っていない」という所有者も少なくないようです。

　しかし、住まない家はすぐ傷む、と言われるとおり、水道管や下水管に
不具合が起きる、雑草が生い茂る、台風などにより家の屋根や壁材が飛散
することもあります。屋根裏に動物がすみつくことも珍しい話ではありま
せん。

　空き家の放置は、そうした衛生状態の悪化はもちろん、不法侵入などの
発生をまねくことも考えておかなければいけません。

　さらに、相続人の間で争いがあったり、相続人が認知症や行方不明など
の理由により、遺産分割協議が調うまでに日数がかかったりすると、その
間、相続対象の家が放置されることになります。

　早く処分したいと思っても、所有者（相続人）が決まるまでは、売却に
は相続人全員の同意が必要ですので、争いがある場合はそれも難しいこと
になります。

　個人間の相続問題が、空き家という社会問題に直結している現状をなん
とか打開しなければなりません。

第3章

空き家のトラブル例

【失火責任法】

　空き家の火災で隣家に延焼した場合でも、その原因が空き家の所有者の「重大な」過失でない限り、失火責任法により隣家への賠償責任を負わない。このことは空き家が近隣にある場合のリスクともいえる。

【竹木の枝・根が越境した場合の取扱い】

　改正民法により、隣地の竹木の枝が越境している場合で、その竹木の所有者に枝を切除するように求めても応じない場合や所有者が行方不明の場合、または緊急を要する場合には、越境された土地の所有者が自ら切除することができるようになった。

　なお、根が境界線を越えている場合には、越境された土地の所有者が切除することができる。

olumn　　　　　　　空き家増加中

あちこちで目立つ空き家。

　少し前のデータですが、総住宅数に占める空き家の割合（空き家率）は約13.6％と、過去最高となっています（総務省統計局の「平成30年住宅・土地統計調査」より）。この調査によると、空き家総数は849万戸もあったそうです。空き家数の推移を見ると、これまで一貫して増加が続いており、昭和63（1988）年から平成30（2018）年までの30年間で455万戸（115.4％）の増加となっているそうですから、現在はもっと増えていると考えられます。

　空き家の種別で見てみると、賃貸住宅や売却用の住宅でない、「その他住宅」が増えています。その中でも、木造の戸建てが最も多くなっています。

空き家の現状──推移と種類別内訳

○ 住宅・土地統計調査（総務省）によれば、空き家の総数は、この20年で約1.5倍（576万戸→849万戸）に増加
○ 空き家の種別的の内訳では、「賃貸用または売却用の住宅」（462万戸）等を除いた、「その他の住宅」（349万戸）がこの20年で約1.9倍（182万戸→349万戸）に増加
○ なお、「その他の住宅」（349万戸）のうち、「一戸建て（木造）」（240万戸）が最も多い

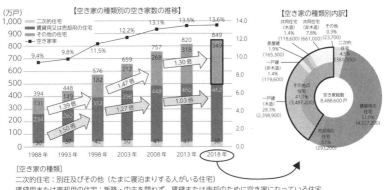

［空き家の種類］
二次的住宅：別荘及びその他（たまに寝泊まりする人がいる住宅）
賃貸用または売却用の住宅：新築・中古を問わず、賃貸または売却のために空き家になっている住宅
その他の住宅：上記の他に人が住んでいない住宅で、例えば、転勤・入院などのため居住世帯が長期にわたって不在の住宅や建て替えなどのために取り壊すことになっている住宅など
（出典）国土交通省社会資本整備審議会第47回住宅宅地分科会資料5「我が国の住生活をめぐる状況等について」を基に作図

113

❷ 空き家のコストと所有者責任

　住んでいようといまいと、家のオーナーに課せられているのは税金と管理責任です。高齢で施設に入居している場合でも、家の保有にかかる税金と管理責任は免れません。また、相続で遺産分割協議が紛糾していても、所有者が確定するまでは、基本的に相続人全員にオーナーとしての責任があります。

　固定資産税と都市計画税についてはP.61に記載したとおりですが、それ以外にも家の管理に伴う様々な費用がかかります。実家への往復の交通費、庭や家の周りの掃除や除草・木の剪定にかかる費用、家のメンテナンスのために水道や電気の契約を続けている場合にはその料金、台風などで傷んだ瓦や壁材が飛散して被害を与えた場合に備えての損害保険料などが考えられます。

　このように家の管理には費用も時間もかかりますが、それを負担するのが難しい場合、行政や民間のサービスを利用することも選択肢のひとつです。「ふるさと納税」でも空き家・空き地の管理サービスを返戻品として定めている自治体が増えてきています。

　それでも税金や管理費といった金銭的・精神的負担が重い場合や、家の劣化が激しい場合などは、解体せざるを得ないということになります。しかし解体しようと思っても、解体費用にも相当な費用がかかります。これにも自治体が補助金を出している場合がありますので、その要件などを確認しましょう。

　全国で空き家が増えている現状から、平成27（2015）年には「空家等対策の推進に関する特別措置法（通称・空家持借法）」が施行されました。これは放置されている空き家の所有者（または管理者）に対して自治体が

改善を求め、改善されない場合は自治体が代執行もできるという制度です。

　立入検査、助言または指導、勧告、命令、代執行の順に移行し、勧告の対象になった空き家（特定空き家等）の敷地については、固定資産税の住宅用地の課税標準の特例（P.61参照）から除外する措置が講じられました。

　特定空き家等とは、下記の①〜④の状態にあると認められるものをいいます。

　　①　そのまま放置すれば倒壊等が発生し、著しく保安上危険となるおそれがある状態

　　②　そのまま放置すれば著しく衛生上有害となるおそれのある状態

　　③　適切な管理が行われていないことにより著しく景観を損なっている状態

　　④　その他周辺の生活環境の保全を図るために放置することが不適切である状態

　なお、これらの現状の制度では不十分として、「特定空き家等」になる前の段階での空き家の発生抑制を目指して、各種の取り組みが実施されることになりました（空き家対策の推進に関する特別措置法の一部を改正する法律（※））。これにより、放置すれば「特定空き家等」になる可能性がある「管理不全空き家等」として勧告された場合も、固定資産税の住宅用地の課税標準の特例（P.61参照）を解除されます。

　空き家を適切に管理し、活用や処分を考える場合はできるだけ早く対策することが求められています。

（※）空き家対策の推進に関する特別措置法の一部を改正する法律の概要

⑴　所有者の責務強化

　　○現行の適切な管理の努力義務に加え、国、自治体の施策に協力する努力義務を追加

(2) 空家等の活用拡大

① 空家等活用促進区域

○市区町村が空家等活用促進区域及び空家等活用促進指針を定めた場合に
接道規制や用途規制を合理化し、用途変更や建替え等を促進

○市区町村長は、区域内の空家等の所有者等に対し指針に合った活用を要
請

② 空家等管理活用支援法人

○市区町村長は、空家等の管理や活用に取り組むNPO法人、社団法人等を
空家等管理活用支援法人として指定

(3) 空家等の管理の確保

○市区町村長は、放置すれば特定空家等になるおそれがある空家等を管理不
全空家等として、指導、勧告

○勧告を受けた管理不全空家等の敷地は固定資産税の住宅用地特例を解除

(4) 特定空家等の除却等

○市区町村長に特定空家等の所有者等に対する報告徴収権を付与

○特定空家等に対する命令等の事前手続きを経るいとまがないときの緊急代
執行制度を創設

○所有者不明時の略式代執行、緊急代執行の費用徴収を円滑化

○市区町村長に財産管理人の選任請求権を付与

❸ 相続土地国庫帰属制度

　活用も処分も難しい空き家については、10年分相当の負担金を支払って国に引き取ってもらうという制度ができました。これが「相続土地国庫帰属制度」です。令和5（2023）年4月27日から施行されます。

　これは相続人が相続または遺贈により取得した土地について、一定の負担金を負担することで国庫に帰属させることを可能とする制度です。相続人単独で取得した場合に限らず、相続人間の共有で取得した場合でも共有者の中に法人がある場合でも共有者全員で共同申請することができます。申請が認められた場合の一定の負担金は、土地の標準的な管理費相当額の10年分とされています。

　宅地については、市街化区域や用途地域が指定されている地域については地積に応じて算定され、例えば100㎡の宅地であれば548,000円（2,270円×100㎡＋276,000円）となります。それ以外の宅地は一律20万円です。

　ただし、建物が存在する土地や担保権等が設定されている土地、また特定有害物により汚染されている土地、勾配30度以上・高さ5ｍ以上の崖があり通常の管理に過分な費用または労力を要する土地、境界が明らかでない土地や範囲等に争いがある土地は適用外です。その他にも国が管理・処分するのに適さないと個別に判断された土地は、国庫帰属が不承認になるケースもあります。

第3章

❹ 借地権上の家

　家の敷地が自己の所有ではなく、第三者から借りているものであった場合、どのような影響があるでしょうか。

　地代を支払って土地を借り、その土地に自己所有の家を建てている場合は借地権を有していると想定できます。

　現存している借地権は、平成 4 （1992）年 8 月に施行され現在に続く「借地借家法」に基づくものと、それ以前の「旧借地法」に基づく借地権（以後「旧借地権」といいます）が混在しています。

　旧借地権は、東京下町に多くみられるような、戦後の住宅確保のために寺や神社などを含む広大な土地所有者から供された「土地を借りる権利」が今に至るケースが多く、契約内容が明確でなかったり、契約書自体ないことも珍しくありません。特に借地人や地主に相続が発生した代替わり時に、問題が顕在化することが多く、トラブルに発展するケースが後を絶ちません。

　ここでは、現在の借地借家法と旧借地法の概要を述べ、特に相続時に起きる問題点に触れていきたいと思います。

① 　**借地借家法と旧借地法**

１．借地借家法（現行法）の概要

　平成 4 年に制定された借地借家法で、普通借地権と定期借地権があります。

　普通借地権は存続期間30年、契約が更新された場合には、最初の更新は20年、 2 回目以降は10年ごととなります。借地人や地主がこれより長い期間を設定した場合にはその契約が優先されます。

　定期借地権は法定更新ができず、契約期間満了により借地契約が終了し、

借地権者は土地を更地にして地主に返還する必要がある契約で、地主側に配慮された制度です。定期借地権には、①一般定期借地権、②建物譲渡特約付借地権、③事業用定期借地権があり、それぞれ契約期間や契約満了時の取扱いが異なります。

種類		期間	更新
普通借地権		30年以上	最初20年以上 2回目以降10年以上
定期借地権	一般定期借地権	50年以上	なし
	建物譲渡特約付借地権	30年以上	なし
	事業用定期借地権 （事業用に限る）	10年以上50年未満	なし

2．旧借地法

　旧借地法では、建物を堅固な建物と非堅固な建物（木造等）に区分し、借地権の存続期間を当事者間での取り決めがない場合、堅固な建物においては60年、非堅固な建物においては30年としています（期間の定めがある場合は、堅固な建物は30年、非堅固な建物は20年）。更新後は、堅固な建物は30年、非堅固な建物は20年となります。

　旧借地法では、借地権者の権利を優先し、地主側は正当な理由なしに更新拒絶や建物の明け渡し要求や更地返還請求は認められません。

② **相続における留意点**

　借地人に相続が発生した場合、借地権も相続人に引き継がれる財産になります。

　しかし、A．そもそも実家の土地が借地権だとは知らなかった、B．所有している不動産は家だけなので相続税の基礎控除以下になると思って申告をしなかった、C．突然、地主から更新料の支払い請求が来たが妥当な

金額なのだろうか、Ｄ．借地権なので家は売れないし、壊して更地にして返すほかはないと思っていた、Ｅ．新法に契約を切り替えると言われた、などの相談がよく寄せられます。

　現時点で相続される借地権の大多数はまだ旧借地法に基づく借地権と考えられますので、ここではそれを前提に相談への回答として記載します。

　なお、借地権をめぐるトラブルが生じた際は法律の専門家である弁護士に相談されることをお勧めします。

ケースＡ．実家の土地は所有権か借地権か

　登記事項証明書を確認します。登記事項証明書は各登記所や法務局証明サービスセンターの窓口での交付請求のほか、郵送やオンラインでも請求することができます。借地権などの権利関係は、登記されていればその土地の登記識別情報の権利部乙区に賃借権（または地上権）と表示されます。ただし、土地の賃借権は登記の義務がないため、実際には権利部に記載がないことが多くあります。この場合、その土地上の建物が被相続人の所有権で登記されていれば、建物所有者である被相続人が土地所有者から土地を借りた上で建物を建てていることが想定されます。ですので、契約書を探す、地代の支払い状況を確認する、地主に聞くなどして借地権の有無や契約内容を確認します。

ケースＢ．借地権の相続税評価

　現時点の相続で大多数を占める旧借地権の相続税評価額は、自用地（その土地が所有権で賃貸借関係がない更地）とした場合の評価額に借地権割合を乗じた価額となります。借地権割合は国税庁のホームページの「路線価図・評価倍率表」から確認することができます。借地権割合は30％から90％の範囲で定められています。

　なお、土地を借りていても地代を支払っていない場合は使用貸借契約と

して借地権ゼロと取り扱いますが、過去の税制により土地の使用貸借について借地権相当額の贈与税課税が行われていたケースでは、例外的な取り扱いがありますので注意を要します。

また、借地権であっても小規模宅地等の特例（P.100参照）は適用できます。

ケースC. 突然、地主から更新料の支払い請求が来たが妥当な金額なのだろうか

契約で更新料を支払うことを定めている場合は契約更新にあたって更新料の支払い義務が生じます。ただしその金額や計算方法の妥当性に関しては、その点を契約書に定めてない場合には、双方の話合い、それでも決着がつかない場合は裁判にゆだねることになります。

ケースD. 借地権なので家は売れないし、壊して更地にして返すほかはないと思っていた

借地権付き住宅としての譲渡は可能です。地主に買い取ってもらうことができずに第三者に譲渡する場合は地主に許可を得て行う必要があり、その際に承諾料の支払いを求められることがあります。地主の承諾が得られない場合は譲渡の許可を裁判所に申し立てる制度もあります。

また、借地権の存続期間が満了した場合で契約が地主側の正当な事由等により更新されないときは、借地人は地主に建物買取請求権を行使することができます。

なお、借地権を返還する場合、譲渡所得にかかる税金が発生するかどうか気になるところですが、下記のようなケースでは譲渡所得の課税関係は生じないこととされています。

○借地権の設定に係る契約書において、将来借地権を無償で返還することが定められていること。

○借地上の建物が著しく老朽化したことその他これに類する事由により、借地権が消滅し、またはこれを存続させることが困難であると認められる事情があること。

　また、土地の使用の目的が単に物品置き場や駐車場など更地のまま使用していたり、仮店舗などの簡易な建物の敷地として使用していたケースでも譲渡所得は生じないこととされます。

ケースＥ．更新時に新法に契約を切り替えると言われた

　旧法に基づく借地契約の更新後も旧法が適用されます。旧法の借地契約を合意解除して、新法に基づく借地権契約を新たに締結することは可能ですが、一般的に旧法が借地人には有利なため、慎重に考える必要があります。

第3章

〈参考〉 相続の基礎知識

●法定相続人と相続順位

　亡くなった方（被相続人）の財産を受け取る相続人は法律で定められていて、法定相続人と呼ばれます。配偶者は必ず法定相続人になります。次が子どもで、法的な夫婦間に生まれた嫡出子も、そうではない非嫡出子も養子も相続権を持ちます。また、子が亡くなっているときは孫が法定相続人になります。

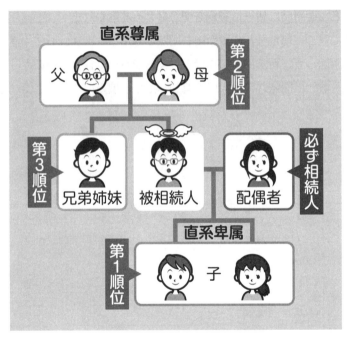

●法定相続分

　亡くなった方に配偶者がいるか、子どもがいるか、などで決められています。

法定相続人	配偶者と子（直系卑属）の場合	配偶者と親（直系尊属）の場合	配偶者と兄弟姉妹の場合
法定相続分	配偶者 1/2　子 1/2	配偶者 2/3　親 1/3	配偶者 3/4　兄弟姉妹 1/4

（注）子などが複数いる場合は、法定相続分を頭割りします。例えば、夫が亡くなった場合で、妻と子3人がいる場合の法定相続分は、妻1/2、子は1/2×1/3でそれぞれ6分の1となります。

●法定相続分と遺言の関係

　法定相続分は決められているとお話ししましたが、これは法律上のひとつの目安です。相続財産は、必ず法定相続分に従って分けなければならないということはありません。遺言があれば、法定相続分と異なる割合で遺贈（遺言により財産を与えること）が可能です。もしくは、法定相続人の間で話し合い（遺産分割協議）がついた場合も、法定相続分とは異なる分け方をすることが可能です。

●遺言には種類があるの？

　遺言は亡くなった方が想いを残すことで、それを書面にしたものが「遺言書」です。亡くなった方の遺志に基づいて財産を分けたり、葬儀や埋葬を執り行ったりするときに遺言の内容を優先します。

　民法で認められている遺言の種類は「自筆証書遺言」「公正証書遺言」「秘密証書遺言」の3つです。なお、民法が改正されたことで、自筆証書遺言の作成が手軽になりました。

●相続税の計算

　相続税は日本では財産をもらった人が払います。遺産の総額から非課税となる財産（一定額までの生命保険金など）や、基礎控除と呼ばれる相続税の控除分をマイナスして、残った額にかかった税金を、実際にもらった財産の額の割合で分けて納めます。

　財産を引き継ぐ人にかかってくる税金について考えておくことは、遺言を書くときにとても大事です。子どもが不動産を引き継いだけれど納税する多額の現金がないようなことがあっては、困ってしまうからです。

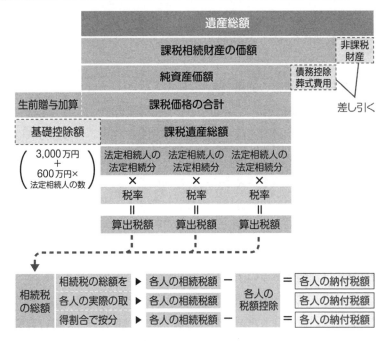

●相続税の申告期限

　相続税には特例があります。例えば、「小規模宅地等の特例（P.100参照）」という税制の特例は、亡くなった方がその土地を自宅として住んでいた場合に、そこに引き続き同居していた相続人が住むなら、土地（330㎡まで）

126

の評価額を80%減額してあげましょう、などという制度です。評価額が低くなれば、税額が少なくてすみます。

　しかし、この特例は、亡くなってから10か月以内に相続税の申告をして、「特例を受けます」ということを税務署に届け出る手続きをしなくては受けられません。

　10か月という期間は案外短いといえます。遺産分割でもめていると、あっという間に期限が来てしまうものです。

　親族間でもめないように去り行く人が自分の考えを表明しておくことは、節税対策としても、また空き家対策としても有効なのです。

　自宅が都市部にあり不動産の価値が上がっている方や、先代から受け継いだ財産があるなどの方は、次の世代の方が損をしない遺言を残しましょう。

第3章

4　家の売却

　本節は、家を売ることについて、知っておいていただきたいことをまとめています。売却は、相続した物件の場合もあれば、住んでいた家を都合により売る場合もあります。

❶ 住んでいた家の売却

　今まで住んでいた家を売却するのは、どんな場合でしょうか？

①　住み替え
　通勤・通学にもっと便利な場所に引っ越したい、周辺環境が変わって落ち着かないのでもっと静かな所へ移りたい、家が手狭になり増築では対応できない、家族が減ったのに広すぎて家を維持するのを負担に感じているなど、場所や家へ期待することが当初とは変わった場合。

②　高齢者施設に入居する
　家の売却資金を施設入居費用に充てたいと考えた場合。

③　転勤やUターンなど
　転勤などで一時的に転居するつもりが長期化して戻る見通しがない場合や、故郷へUターンする場合など。

④　経済上の理由
　離婚や収入減少などでローンの返済が難しくなった場合。

　売却のためには、不動産会社を通すことが一般的です。住み替えの場合は、新しく住む家探しとセットでの利用もできるでしょう。最も気になるのは、いくらで売れるかです。インターネットの一括査定依頼サイトなどもありますので、複数の不動産会社に査定を依頼し、条件なども含めて比較し不動産会社を決めます。

　不動産会社とは、媒介契約を結びます。媒介契約には 3 種類あります。

媒介契約の種類と内容

媒介の種類	説明
専属専任媒介契約	1 社の不動産会社にだけ媒介を依頼する契約。依頼者が相手方を探すことは禁止。不動産会社は、依頼された売買情報を指定流通機構（レインズ）へ契約後 5 日以内に登録して契約の成立に向けて積極的に努力し、1 週間に 1 回以上報告。契約の有効期間は 3 か月まで
専任媒介契約	1 社の不動産会社にだけ媒介を依頼する契約。依頼者自身で取引の相手方を探すことも可能。不動産会社は、契約後 7 日以内に依頼された売買情報を指定流通機構へ登録して契約の成立に向けて積極的に努力し、2 週間に 1 回以上報告。契約の有効期間は 3 か月まで
一般媒介契約	複数の不動産会社に媒介を依頼することができる契約。依頼者自身で取引の相手方を探すことも可能

　購入希望者からは「買付申込書」が出されます。条件変更を求められる場合も考えられます。通常短期間で売り急ぐと、良い条件では売りにくいものです。引き渡しまでには引っ越しの準備や不用品の処分も必要です。売却を検討する際には、早めに不動産会社に相談するのがよいでしょう。

　不動産の譲渡所得の計算方法やそれに関する税金については、P.137以降でご説明します。

リースバック・リバースモーゲージ

　自宅を売却しても住み続ける手段として、「リースバック」という方法がある。自宅を売却して、その後はその家に賃貸で住み続けられる不動産サービスである。賃料を払って住み続けながら、売却して得たお金で高齢者施設入居の準備をすることができる、などのメリットがある。

　似たようなものに「リバースモーゲージ」がある。こちらは亡くなった時点で家を売却することを条件に、自宅を担保に生活資金の融資を受けるという、高齢者向けに考えられた金融サービス。融資金を家のリフォームや生活費の足しに使うことができる。亡くなってからの売却で一括返済されるので、金利分だけ支払いながら住み続けられるが、相続財産にはならないことを、事前に親族に説明しておくことが大事だ。

　リースバックやリバースモーゲージは、どの住宅でも可能というわけではない。関心がある方は、金融機関や不動産会社、ファイナンシャル・プランナー等に相談して、自分の希望や目的に適しているかどうか確認してみよう。

❷ 住まない家（空き家）の売却

　空き家のコストについてはP.114でご説明しました。住めなくなったり、相続したものの住む予定がなかったりする場合は、保有費用がかかるうえ、管理不行き届きな空き家は防災上、治安上、景観上問題があり、時間とともにリスクが増加しますので、売却して次の管理者に委ねる方が安心でしょう。

　ところが、物件の売却が進まず、空き家状態をなかなか解消できない場合が多いのです。持ち主（売り手）側が原因である2つの事例をP.133のコラムで紹介します。

　不動産市場の問題もあります。日本では新築で家を持つ傾向が強く、中古住宅の市場が活発でないといわれます。

　そこで、仲介に時間がかかるよりはいいということで、売却価格を下げて不動産会社へ買取りを依頼するという方法もあります。需要が見込めず無理だと断られることもあるようですが、最近では買取専門会社も登場しています。中古住宅を買取り、自社でリフォームをしたうえで再販するというビジネスに特化しており、取扱い件数が増えているようです。

　法令に適合せず、売れない物件というのもあります。これについては、次項❸で説明します。

　いっそ売り方を変えるという選択肢もあります。中古住宅として売れないならば、更地にして土地を売却する（P.165参照）か、古家付き土地として売却するかです。古家付き土地とは、築年数が古く中古住宅としては経済的な価値がない場合や、リフォームや解体費用を負担するのが難しい場合に、値段を下げて買主側にリフォームや解体費用を負担してもらうものです。

　また、自治体の空き家バンク制度を利用するのも一案です。空き家を売

りたい・貸したい人と、中古住宅を買いたい・借りたい人を橋渡しする制度です。マッチングできたら、媒介契約をまとめる不動産取引事業者へつないでくれますし、自治体で用意した補助金メニューも利用できます。例えば、買う側にはリフォーム代を補助し、売る側には家財の処分費を補助するなどです。

　空き家については全国で問題になっていますので、不動産会社や空き家相談会（自治体、NPO等で実施）などを利用して、売却への道筋を探りましょう。何度も書きますが、家は所有しているだけで費用がかかる一方で、住み手がいなければ劣化していきます。しかも、手続きや行き来に時間もコストもかかります。そして何よりも、売却先が決まるまでの間にしなければならないことは、片付けと家財の処分です。

　なお、空き家になってしまった被相続人の居住用財産を譲渡した場合は空き家の3,000万円の特別控除の特例があります。家を取り壊すか、新耐震基準に適合していることを条件に、令和9（2027）年12月31日までの売却に適用されます（P.167参照）。

思い切って
売却もアリ!

olumn　　　　【2 つの事例】

【親が施設に入所した場合】

　「母親が家を相続して一人暮らしをしていたが認知症を発症し、一人暮らしができなくなった。子どもたちは遠隔地にいるので介護できる親族が近くにおらず、母親は高齢者施設に入所した。その家には戻ってこられないだろう。家をどうするのか、もう母親の意思を確認したり、処分の同意をとったりすることができない。母親の資産管理と家の管理のために法定後見制度による成年後見人を家族から立てた。家財の片付けを行いながら、不動産会社に相談中。売却先が見つかれば家庭裁判所に申し立て、許可を得て売却したい」というような場合があります。

　これだけの手続きや片付けなどには時間も労力もかかります。活用するにはさらに別の準備が必要なので売却したいところですが、見込みがないと空き家のままになりかねません。

【共有にした場合】

　「親が亡くなり相続が発生。葬儀や埋葬に関すること、金融機関や保険・年金等の手続き、相続財産の確認などで慌ただしく、相続人一同で家の相続について具体的に相談できないうちに、民法で定められた相続放棄の期限 3 か月が来てしまい、"とりあえず共有にしておくか"と遺産共有状態に。兄弟のうち近場に住んでいる者が相続人代表となり、家の管理を始めた。費用は均等割りにしようと決めたが、遠くの兄弟は片付けにも来ず、不平等感が募る。家の処分には共同相続人全員の同意が必要だが、思惑がバラバラで売却条件が決まらない」というような例があります。

　売却先も見つからず時間が経つと、家の管理に消極的・無責任になりがちです。もしも相続登記をしていないとすぐに売買契約も結べず、チャンスを逃すことにもなりかねません。そうして空き家のまま時間が経過します。

第 3 章

❸ 売るに売れない家

　再建築不可物件と呼ばれ、買い手のつきにくい土地・建物があります。建てられた際の基準は満たしているものの、現在の建築基準法には適合せず、現状で使い続けることはできるけれど建替えや大規模改修はできない「既存不適格建築物」の場合です。幅4m以上の道路に2m以上接していなければならない「接道義務」を満たしていない場合が多いようです。このような物件は、敬遠されがちでした。

　しかし、建替えができない物件でも、買い取ってリフォームを施し、賃貸物件として再生するという専門会社も登場しています。また、市区町村が地域再生や観光振興などのために定める「空家等活用促進区域」においては、接道義務を満たしていない建築物であっても、安全確保策を講じて建て替え等が可能になるような法改正（P.116参照）が行なわれたことも、注目されます。

　さらに、建築基準法に適合していない建築としては、「違反建築物」もあります。これは、建築時の建築基準法にそもそも違反している建物で、「既存不適格建築物」とは異なります。建築確認申請後に法令に反した建て方に変えたり、無許可で増改築を行ったりした場合が考えられます。現在では建築確認申請から完了検査までのチェックが厳格に行われるようになっており、起こり得ないのですが、築年数が古いと要注意です。元が違反建築ではリフォームもできませんので、買い手にはデメリットです。

Column　　　私の実家に起こったこと

　私、島袋の実家は、ある地方都市の高台にありました。昭和40年代に父が団地分譲に応募し、見晴らしが良い高競争率の区画に当選したと大喜びしていました。山の斜面を切り拓いて作られた戸建て分譲団地で、区画ごとに建築設計モデルがありました。転勤の際に親戚に貸した時期もありましたが、リタイア後は両親だけでその家に住んでいました。

　しかし、急な坂の上にある高台では、若い頃とは違って自動車がなくては生活できません。父には持病もあり、体調を崩した場合のことが心配でした。歳をとればいずれ運転できなくなります。そこで、家を売却して平地部へ転居しようとしたところ、家が再建築不可物件であることが判明しました。道路への敷地の間口が2m未満だったからです。売却費用で住み替えることは、売却査定価格が低すぎてできなくなりました。父は「途中で法律を変えるなんて！こちらには何の落ち度もないのに、卑怯な」と悔しがっていましたが、他に有効な手段を見出せませんでした。

　両親の死後、妹と相続の手続きを進めながら、地元の不動産屋さんに売却の相談をしました。売却のために近所をあたってもらうなど、いくつかの手段を試しました。そして物件情報を見た方が、家と庭と眺めを気に入って購入されました。けれど、たまたま新しいオーナーを得ることができたとはいえ、それは、処分に伴う困難さを先送りしたにすぎません。

　ところで、なぜ再建築不可物件になったのだろうか。当初、私は父の言葉を鵜呑みにしていましたが、接道義務は建築基準法が制定された昭和25年からあり、公的機関が関わって開発した団地ですから、建てられた際には建築基準を満たしていたはずだと思うようになりました。両親から引き継いだ書類の中の分譲区画図には、実家の敷地が接していた道幅は2mと記載されていました。では、何故2m未満になったのか。

　入居した頃の記憶をたどると、団地の各戸の敷地境界は、初めは簡易な柵だっ

たのが、次第にブロック塀になっていったことを思い出しました。近隣にブロック塀ができて、塀の厚みで道幅が狭まってしまったのかもしれません。分譲区画図には、隣の家と境界の相談をした内容が、父の字で書き込まれていましたが、実家へ入るための道路の部分に関する書き込みはなく、そのことに対して我が家が同意したのかどうかは、確認できませんでした。境界確認の重要性を、改めて思い知りました。

　こうした実家での経験が、この本に取り組もうと思った私の動機になりました。私の両親は、子どもたちが相続手続きで困らないようにと、比較的きちんと整理してくれていましたが、手続きを自分で行うには限界があったので、地元にいる司法書士の力を借りました。備えていなければ、かなり困難なことだと実感しました。

④ 譲渡所得の基本

① 譲渡所得と課税

　住宅や土地を譲渡したときは、事業所得 (P.84参照) や不動産所得 (P.153 参照) といった総合課税とは分離して税額を計算します。これを分離課税といい、下記のような計算で譲渡所得を求めます。

$$\boxed{譲渡収入-(取得費+譲渡費用)} = \boxed{譲渡所得}$$

② 税率

　税率は、その不動産が長期（売却した年の 1 月 1 日において 5 年超）にわたって所有しているものか、またはそれより短い期間所有しているものかによって異なります。

譲渡所得の税率表

長短区分	所有期間		
	短期	長期	
期間	5 年以下	5 年超	10年超
居住用	39.63% (所得税30.63% 住民税 9 %)	20.315% (所得税15.315% 住民税 5 %)	①課税譲渡所得6,000円以下の部分14.21%（所得税10.21%・住民税 4 %) ②課税譲渡所得6,000円超の部分20.315%（所得税15.315%・住民税 5 %)
上記以外	39.63% (所得税30.63% 住民税 9 %)	20.315% (所得税15.315% 住民税 5 %)	

（注）　上記税率には、復興特別所得税として所得税の2.1%が相当が上乗せされています。

③　取得費

　取得費とは、その不動産を購入したときの価額を指しますが、先祖代々から持っているものなど、古い時期に取得したものの場合、いくらで購入したのか不明ということも珍しくありません。その場合は、譲渡代金の５％相当額を取得費とする概算取得費の方法が認められています。しかしこの場合、譲渡費用を無視すると、じつに譲渡収入の95％に対して税金がかかることになりますので、購入時の書類はしっかりとっておくことが大事です。なお、建物は月日の経過により価値が下がるのが普通です。そのため購入したときの価額から価値減少額として「減価の額」を控除することになっています。

　住宅の減価の額は次のように計算します。

○減価の額の計算方法

　次の算式により計算します。

$$建物の取得価額 \times 0.9 \times 償却率^{(※1)} \times 経過年数^{(※2)} = 減価償却費相当額^{(※3)}$$

（※１）非業務用建物の償却率

区　分	木　造	木　骨モルタル	（鉄骨）鉄筋コンクリート	金属造①（注１）	金属造②（注２）	金属造③（注３）
償却率	0.031	0.034	0.015	0.036	0.025	0.020

　　（注１）金属造①…軽量鉄骨造のうち骨格材の肉厚が３ミリメートル以下の建物
　　（注２）金属造②…軽量鉄骨造のうち骨格材の肉厚が３ミリメートル超４ミリメートル以下の建物
　　（注３）金属造③…軽量鉄運送のうち骨格材の肉厚が４ミリメートル超の建物

（※２）経過年数の６か月以上の端数は１年とし、６か月未満の端数は切り捨てます。

（※３）建物の取得価額の95％を限度とします。

○相続により取得した場合の特例（相続税の取得費加算）

　売却する不動産が相続で取得したものである場合、相続税の申告期限から３年以内に譲渡することを要件に、本来の取得費に、譲渡した人に課税された相続税のうち、その不動産にかかる相続税相当分を加算することができます。取得費が増えることで譲渡所得を抑えることができます。

　なお、代償金を支払って取得した相続財産を譲渡した場合には、取得費に加算する相続税額は下記の算式で計算した金額になります。

$$\frac{相続税額 \times 譲渡した資産の相続税評価額\text{Ⓑ} - 支払代償金\text{Ⓒ} \times \dfrac{\text{Ⓑ}}{\text{Ⓐ}+\text{Ⓒ}}}{その者の相続税の課税価格（債務控除前）\text{Ⓐ}}$$

（注）この特例とP.167に記載の相続空き家の譲渡所得の特例は選択適用です。

④　譲渡費用

　譲渡費用として認められるものは下記のものです。

譲渡費用と認められるものの例

(1)	土地や建物を売るために支払った仲介手数料
(2)	印紙税で売主が負担したもの
(3)	貸家を売るため、借家人に家屋を明け渡してもらうときに支払う立退料
(4)	土地などを売るためにその上の建物を取り壊したときの取壊し費用とその建物の損失額
(5)	既に売買契約を締結している資産をさらに有利な条件で売るために支払った違約金
(6)	借地権を売るときに地主の承諾をもらうために支払った名義書換料など

⑤ **譲渡所得の税額の計算**

不動産の譲渡所得の税額（所得税及び住民税）は、次のように計算します。

$$\boxed{\begin{array}{c}\text{譲渡所得①（収入金額－}\\\text{（取得費③＋譲渡費用④））}\end{array}} \times \boxed{\begin{array}{c}\text{短期譲渡所得金額×39.63％②}\\\text{あるいは}\\\text{長期譲渡所得金額×20.315％②}\end{array}}$$

⑥ **譲渡所得がマイナスになった場合**

譲渡所得がマイナスになった場合は他の所得との損益通算はできません。

ただし居住用財産の譲渡によりマイナスになった場合、一定の要件のもと、繰越ができる制度があります（P.143参照）。

★★ワンポイントアドバイス★★ ─────────────

未経過固定資産税等の精算

土地建物の譲渡において、未経過固定資産税等（売り主が前納した固定資産税等の譲渡後の相当分）の精算を行うことがあるが、この未経過固定資産税等は譲渡収入に含める必要がある。

❺ 居住用財産の3,000万円特別控除制度と軽減税率

① 居住用財産の3,000万円特別控除

　マイホームを譲渡した場合、譲渡所得の計算において3,000万円を控除する制度があります。これは、マイホームとその敷地を譲渡した場合に適用されます。この特例は居住用財産の所有期間は問いませんが、親族等に譲渡した場合は適用外です。適用要件等は次の表をご覧ください。

3,000万円特別控除の要件

適用要件	①居住している家屋（その敷地を含む）を譲渡した場合 ②居住の用に供さなくなった家屋（その敷地を含む）を、その日以後３年を経過する日の属する年の年末までに譲渡した場合 ③家屋を取り壊した日から１年以内に譲渡契約を結んで、居住の用に供さなくなった日から３年目の年末までに譲渡する場合（家屋の取り壊し後。譲渡契約締結日までの間に駐車場など業務の用に供していないこと）

　なお、上表の②の要件を満たしていない場合でも、もともと本人と同居していた親族が本人の住まなくなった後を引き継ぎ、本人と生計を一にしている状態でその家に住んでいた場合には、特例の適用を受けることができます。さらに、その同居人が住まなくなった場合も、その日から１年以内であれば適用があります。

　また、家屋と土地の所有者が異なる場合でも、それぞれが親族関係で生計を一にしており、土地の所有者も家屋の所有者とともにその家屋に住んでいる場合には、家屋の所有者が受けた特別控除額の残額までは、控除を受けることができます。

　なお、この特例は住宅ローン控除制度や認定住宅等の新築等をした場合

の所得税額の特別控除制度とは併用できません。

　また、譲渡年の前年または前々年に、この特例や特定の居住用財産の買換えの特例、また、居住用財産の買換え等による譲渡損失の損益通算および繰越控除の特例、特定居住用財産の譲渡損失の損益通算および繰越控除の特例の適用を受けている場合は、本制度は適用できません。

　ただし、「相続財産を譲渡した場合の相続税額の取得費加算」制度とは併用可能です。

② **軽減税率**

　譲渡する年の1月1日において10年超所有している居住用不動産（家屋・土地ともに10年超所有していること）を譲渡した場合には、3,000万円特別控除に加えて、軽減税率の適用を受けることができます。（P.137「譲渡所得の税率表」参照）

　この制度も①居住用財産の3,000万円控除と同様に併用できない特例制度がありますので注意を要します。

売却

お金が入る
（利益が出る）

納税

マイホームの売却で得た利益には
税金の優遇があります

❻ 居住用財産の買換えの譲渡損失の損益通算及び繰越控除

　所有期間が譲渡年の1月1日において5年超の住宅を、別の住宅に住宅ローン（償還期間10年以上）を利用して買換える際、税金が優遇される制度があります。元の住宅の売却について譲渡損失が生じた場合、他の所得と損益通算でき、さらに翌年以後3年間繰越控除できる（合計所得金額3,000万円以下の年に限る）という制度です（令和5年12月31日まで）。なお、買換えは譲渡年の前年1月1日から譲渡年の翌年12月31日までにする必要があります。

居住用財産の譲渡損失の繰越控除

区分		要件
旧住宅	所有要件	譲渡年の1月1日において5年超
買換え住宅	建物	居住部分50㎡以上
	住宅ローン	償還期間10年以上の住宅ローン

　旧住宅の敷地が500㎡を超える場合は、500㎡を超える部分に対応する譲渡損失の金額については、繰越控除は適用できません。

　この制度と選択適用で、「特定の居住用財産の譲渡損失の繰越控除」という制度もあります。こちらは、住宅ローン残高がある（買換え前の）住宅（所有期間5年超）を売却した際に生じた譲渡損失のうち、譲渡対価を超える住宅ローン残高の金額を限度に、損益通算や3年間の繰越控除ができるというものです。

「居住用財産の買換えの譲渡損失の繰越控除」「特定居住用財産の譲渡損失の繰越控除」のどちらも、合計所得が3,000万円を超える年は繰越控除の適用は受けられません（他の所得との損益通算は可能）。

　なお、居住用財産の他の特例（空き家の譲渡所得の特別控除の特例を除く）を前年や前々年に受けている場合は適用外となります。

　ただし、これらは、住宅ローン控除制度とは、併用できます。

❼ 特定居住用財産の買換えの特例

　譲渡した年の1月1日において10年超所有し本人が10年以上住んでいた家を令和5（2023）年12月31日までに売却して、売却した年の前年から売却した年の翌年末までに別の住宅に買換えする場合、一定の要件を満たすと譲渡所得の課税が繰り延べられる制度があります。この制度は居住用財産を譲渡した場合の3,000万円特別控除制度や居住用財産の軽減税率等とは選択適用です。

　主な適用要件は次のとおりです。

特定居住用財産の買換えの特例

区分		適用要件
旧住宅	所有要件	譲渡年の1月1日において10年超
	居住期間	10年以上
	譲渡対価	1億円以下
買換住宅	建物	居住部分50㎡以上 （中古住宅の場合、築後25年以内または一定の耐震基準に適合すること）
	敷地	500㎡以下

（注）買換え住宅（資産）は、令和6年1月1日以後に建築確認を受ける住宅（建築日付が令和6年6月30日以前のものを除く）または建築日付が令和6年7月1日以降の場合は省エネ住宅に限ります。

　ただし、この制度は税金を免除するものではなく、将来、買い換えた家を売却するときにまとめて課税される制度です。いっときの資金繰りには助かる制度ですが、そのことを忘れて将来慌てることのないように、買換えの特例を適用した確定申告書の控えと関連資料を保存しておくようにし

てください。

特定居住用財産の買換えの特例を適用した場合の譲渡所得の計算

$\boxed{譲渡資産の譲渡価額 \leqq 買換資産の取得価額} \Rightarrow \boxed{譲渡所得 ＝ 0}$

$\boxed{譲渡資産の譲渡価額 ＞ 買換資産の取得価額} \Rightarrow \boxed{譲渡所得 ＝ 下記の算式^{（※）}で計算した金額}$

（※）

$$\boxed{\begin{array}{c} 収入金額 \\ （譲渡資産の譲渡価額Ⓐ \\ －買換資産の取得価額Ⓑ） \end{array}} － \boxed{\begin{array}{c} 必要経費 \\ （譲渡資産の取得費＋譲渡費用） \end{array} \times \dfrac{Ⓐ－Ⓑ}{Ⓐ}}$$

5　活用する（賃貸・自営）

　売却が難しいと、所有を続けて何かの用途に活用し、その収入を家の費用に充てることが考えられます。その留意点をまとめました。

❶ 様々な活用方法を探る

　家の活用には、建物を賃貸する場合と、自ら事業等を行う場合があります。今まで「My」＋「Home」だったプライベートな空間の使い方が、

①他人が家として使う（住宅賃貸）
②他人が家以外の用途で使う（住宅以外の賃貸）
③自分が家以外の用途で使う（自営）

の３パターンのいずれかになるということです。

　②③の場合はまず、新たな使い方の探索です。使わずに空けておく期間が長いほど、家が傷み、リフォームのコストもかかることになりますので、賃貸や自営を決断したならば、積極的に専門家への相談や情報収集を行い、その家のロケーションや建物のポテンシャルを活かせるアイデアやきっかけを求めて行動し、使い道を探りましょう。

　住宅以外の活用を考える②③の場合に必要なのが、建物や法令のチェックと手続きです。まず用途地域指定に合っているのか、建物の用途変更手続き（P.149コラム「用途変更」参照）が必要かどうかを確認しましょう。そして建物の現況をチェック（P.149コラム「ホームインスペクション」参照）したうえで、リフォームや増改築を検討しましょう。これらの検討には、建築士の力が不可欠です。入念に相談を重ねて設計し、建築確認申

請に加えて、消防署や保健所等への届け出をするなど住宅の場合とは異なる手続きが必要になります。

　①②の賃貸の場合は、賃貸管理業務が発生します。賃貸借契約を結び、家賃の徴収、故障の対応やメンテナンス、入居・退去への対応などを行います。遠隔地に住んでいて直接管理が難しい場合は、不動産管理会社に依頼するのが安心でしょう。

　以上を踏まえて収支計画を立てます。支出としては、貸し出す前の点検やリフォームの費用、固定資産税・火災保険の支払い、定期的なメンテナンス・リフォーム費用、管理を委託するならばその費用がありますし、自営業ならば建物関係以外の経費もかかります。これらの費用を上回る収入（賃貸収入あるいは事業売上）を見込めるかどうかが、判断基準になります。初期投資の調達をどうするのかや、賃貸の場合は賃料をいくらにするかを考えておくことも必要です。

　そして、家屋の耐用年数を考慮したうえで何年くらい続けるのか、その後はどうするのか、あらかじめ方針を立てておかないと、空き家に逆戻りしてしまいます。

Column　　　　　　増改築前の確認

【用途変更】

　建物の用途を変えるときは、用途変更の建築確認申請をしなければならない場合があります。それは、建物を安全に使うための基準が、建物の用途によって異なるからです。人が集まる「特殊建築物（飲食店や物販店、病院、学校、映画館、図書館、ホテルなど）」に変更する場合や、床面積が200㎡を超える場合、既存不適格建築物や違反建築物の場合です。

　現在では、建築工事後の完了検査で検査済証が交付され、これによって建物が建設時の法律に適合しているかを判断することができます。しかし1990年代までは、建築確認を怠り検査済証がない、建築確認どおりに建設しないなどのケースもあったようで、築年数の古い空き家などでは、既存不適格建築物や違反建築物の判断がつきにくく、手を入れるための時間と費用が余計にかかったり放置されたりする原因になっていました。しかし、平成30（2018）年に建築基準法が改正され、空き家等を福祉施設や商業施設に用途変更する際の改修工事の要件が緩和されるなど、空き家の利活用に配慮されています。

　なお、建築基準法により、用途変更や増改築の確認申請の手続きは建築士しか行えません。

【ホームインスペクション】

　専門家（住宅診断士）が検査する住宅診断のこと。空き家の劣化状況を把握し、修繕してから引き渡すのか、どんな修繕を行うのかなど判断でき、適切な契約書を作成することができます。これにより、売り手・貸し手側も、買い手・借り手側も安心して取引ができ、トラブルの防止にもなります。

第3章

❷ 住宅としての賃貸

　もともと家なのですから、貸家にするのは問題なくできるはずです。また、用途地域制限の心配もありません。特に、相続してすぐには住まないけれど、いずれ住むつもりでしたら、取り壊したりせず家のまま維持する方が戻りやすいでしょう。P.77の転勤の場合の一時賃貸と同様です。

　建物が古くてリフォーム代がかさみそうでしたら、DIY型賃貸という方法もあります。オーナーとしては、建物を現状のままで貸すことができ、リフォーム等の費用がかかりません。借りる側にとっては、自費で好きなように住まいを変えることができ、賃料を低めに抑えられます。賃貸借契約書に加えて、DIY工事をすることの承諾書や明渡しの際の条件などについての合意書を作成して、トラブルを防ぎましょう。

　複数の人で1軒の家を使いあう「シェアハウス」という使い方もあります。ひとつ屋根の下というのはアパートも同様ですが、共用部分が多く、一般の賃貸住宅とは異なった特徴がありますので、P.184をご参照ください。

❸ 住宅以外の活用

　戸建て住宅は、

・大きな空間の確保が難しい

・部屋が区切られている

・水道、ガス、電気といった基本インフラが引き込まれている

というのが特徴で、様々な転用が考えられます。以下に例を挙げてみます。

① **オフィス**……単独の会社や個人事業の事務所、シェアオフィス

② **店舗**……物販、飲食店、サービス（理美容室ほか）

③ **ギャラリー**

④ **教室・スタジオ**……音楽スタジオ、録音スタジオ、撮影スタジオ、ダンススタジオ、アートスタジオ、クッキングスタジオ

⑤ **イベントスペース**……セミナー、パーティー、発表会

⑥ **福祉施設**……デイサービス（小規模多機能型居宅介護施設）、グループホーム、就労施設、託児施設

⑦ **宿泊施設**……民泊、ゲストハウス

　P.149に記したように、用途地域指定に合致している範囲で建物の構造、庭や駐車場等外周部の広さ、道路との接続、周辺状況などを踏まえて、活用方法を絞り込んでいきます。増築を伴う間取りの変更や設備の付け替えなどの大掛かりなリノベーション工事が必要になる場合は、まず変更後の目途を立ててから設計に着手します。

　第 4 章もご参考ください。

❹ 個人事業税

　個人の自宅1軒を賃貸して不動産所得が生じても個人事業税が課税されることはありません。

　個人事業税は、各都道府県によって異なることがありますが、おおむね戸建てであれば5棟以上、アパート等であれば10室以上の不動産賃貸業にかかるものです。

　なお、自宅の貸付け以外に賃貸物件や駐車場を経営している場合で、機械式駐車場の場合は1台以上、月極駐車場の場合は10台以上になれば事業的規模であるとして課税の対象になります。ただし、土地を駐車場用地として一括して貸し付け、貸し付けた相手方が駐車せず、第三者に駐車させている場合は、個人事業税は課税されません。

【不動産所得の個人事業税】

（青色申告特別控除前の不動産所得－事業主控除年額〈290万円〉）×5％

＝ 個人事業税

　所得税の確定申告をしている場合、別途個人事業税の申告をする必要はありません。

　8月と11月をそれぞれ期限として郵送される納税通知書で、金融機関や都道府県税事務所で納付します。

❺ 賃貸するときの所得税

①　不動産所得の計算方法

　個人が住宅や駐車場を賃貸するときに考えなくてはならない所得税における不動産所得についてみていきましょう（食事などを提供する賄い付きの下宿などに利用する場合は、後述する民泊と同様の雑所得になります）。

　不動産所得は　| 不動産収入－必要経費 |

で計算されます。不動産収入は家賃、地代、更新料、礼金や敷金のうち返還不要の部分などが該当します。必要経費の主なものは、租税公課（固定資産税等、印紙税、登録免許税、不動産取得税、事業税）、借入金の利子、減価償却費、修繕費などです。

②　減価償却費と修繕費、青色申告

　不動産所得の必要経費のうち、わかりにくく、また気をつけたいのが減価償却費と修繕費です。

【減価償却費】

　減価償却費とは、建物や設備について、その耐用年数で費用化することをいいます。耐用年数は法定されていますが、自宅（非業務用資産）を貸付用（業務用資産）に転用したような場合、転用した日の未償却残高は次のように計算することになります。

＜計算式＞

| その資産の取得価額 | － | 業務の用に供されていなかった期間(※1)につき、その資産の耐用年数の1.5倍に相当する年数(※2)で、旧定額法に準じて計算した減価の額 | ＝ | その資産の業務の用に供した日における未償却残高相当額 |

（※ 1）業務の用に供されていなかった期間にかかる年数に1年未満の端数が

あるときは、6か月以上の端数は1年とし、6か月に満たない端数は
切り捨てます。

（※2）1.5倍に相当する年数に1年未満の端数があるときは、1年未満の端数
は切り捨てます。

減価償却資産の償却方法

取得年月日	建物	建物付属設備 および構築物	左記以外の一般的な 有形減価償却資産
平成10年3月31日以前	旧定額法または 旧定率法	旧定額法または 旧定率法	旧定額法または 旧定率法
平成10年4月1日から 平成19年3月31日まで	旧定額法	旧定額法または 旧定率法	旧定額法または 旧定率法
平成19年4月1日から 平成28年3月31日まで	定額法	定額法または 定率法	定額法または定率法
平成28年4月1日以後	定額法	定額法	定額法または定率法

（出典）国税庁ホームページ

　また中古資産の耐用年数を合理的に見積もることが困難な場合、下記
の計算によることもできます。

＜簡便法＞

イ　法定耐用年数の一部を経過した資産

　（法定耐用年数－経過年数）＋経過年数×20/100

ロ　法定耐用年数の全部を経過した資産

　法定耐用年数×20/100

（注1）1年未満の端数は切り捨てた年数とし、その計算した年数が2年未満
　　　の場合は2年とします。

（注2）この場合の経過年数は、新築等されてから取得したときまでの期間に
　　　なります。

【修繕費】

　貸家の修繕費のうち、それによって価値が増加したり、特別に使用可能期間を延長させることができるような支出は、資本的支出といって、全額その年の経費にならず、新たな資産を取得したのと同じように減価償却費として年々の経費にしていくことになります。その区分がわからないときは次のフローチャートに従って判断してください。

資本的支出と修繕費の区分等の基準のフローチャート

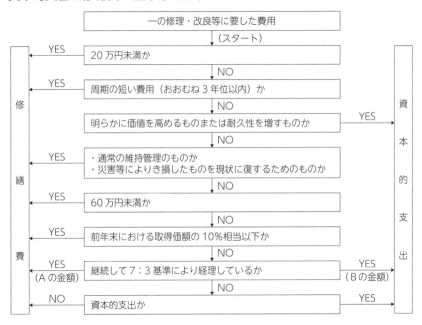

```
A ＝支出金額 ×30％と前年末取得価額 ×10％とのいずれか少ない金額
B ＝支出金額 － A
```

【青色申告】

　所轄税務署に「青色申告承認申請書」を提出している場合には、青色申告特別控除の適用ができます。青色申告承認申請は、新たに事業を始めた年の 3 月15日まで（その年の 1 月16日以後に開業した場合には、開

業の日から２か月以内)に提出します。青色申告特別控除額には10万円、55万円、65万円（※）の３種類がありますが、自宅を貸しているだけであれば10万円となります。他にアパートを持っていて賃貸している、駐車場があるなど事業的規模で不動産所得を運営しているケースでは、55万円や65万円の適用を受けることができます。

(※)65万円の控除は、ｅ-Taxで申告しているケースや、電子帳簿保存法に基づいて帳簿を保存しているケースに限られます。

★☆ワンポイントアドバイス☆★

事業的規模

不動産所得における事業的規模とは、貸家であれば５棟、アパート等であれば10室以上の規模で賃貸しているケースをいう。事業的規模で賃貸し、かつ複式簿記で帳簿を作成している場合は、55万円（または65万円）の青色申告特別控除の適用を受けられる。

〈参考〉所得税・住民税の基礎知識

①　所得税の計算方法

個人の１年間の所得について課税される税金が所得税です。

所得税の計算方法は、大きく分けて総合課税方式と分離課税方式があります。

総合課税方式とは、給与所得や不動産所得など10種類の所得ごとに区分して計算した所得を損益通算など一定の方法に基づいて合計し、総所得金額を算出します。そこから扶養控除や医療費控除などの所得控除を差し引いて税率を乗じ、さらに住宅ローン控除などの税額控除を差し引いて納付税額を計算する方法です。

分離課税方式は、土地や建物、有価証券の譲渡に適用される課税方式で、総合課税とは切り離して税金を計算します。

　所得税の確定申告は、翌年2月15日から3月15日までの間にすることとされています（医療費控除などのため還付申告になる場合は、翌年1月1日から5年間申告することができます）。

所得税の速算表

課税される所得金額	税率	控除額
1,000円から1,949,000円まで	5%	0円
1,950,000円から3,299,000円まで	10%	97,500円
3,300,000円から6,949,000円まで	20%	427,500円
6,950,000円から8,999,000円まで	23%	636,000円
9,000,000円から17,999,000円まで	33%	1,536,000円
18,000,000円から39,999,000円まで	40%	2,796,000円
40,000,000円以上	45%	4,796,000円

② 　住民税の計算方法

　住民税（所得割）は所得税とほぼ同じ仕組みになっています。税率は、標準税率として道府県民税・都税が4％、市町村民税・特別区民税6％で、合わせて10%です。なお地方税には所得割の他、均等割（標準税率に復興特別所得税を加算して合計5,000円が基本）があります。所得税の確定申告や年末調整をしている場合には、住民税の申告は原則として不要です。

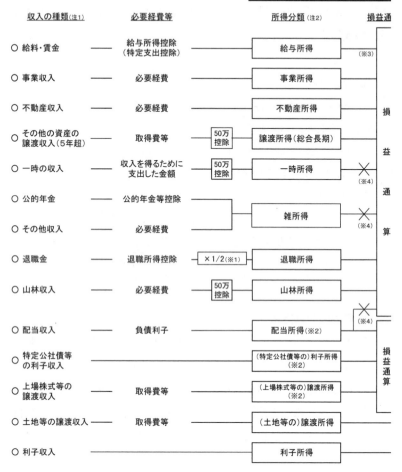

収入の種類(注1)	必要経費等		所得分類(注2)	損益通

○ 給料・賃金 ── 給与所得控除（特定支出控除） ── 給与所得 （※3）

○ 事業収入 ── 必要経費 ── 事業所得

○ 不動産収入 ── 必要経費 ── 不動産所得

○ その他の資産の譲渡収入（5年超） ── 取得費等 ─ 50万控除 ─ 譲渡所得（総合長期）

○ 一時の収入 ── 収入を得るために支出した金額 ─ 50万控除 ─ 一時所得 ✕（※4）

○ 公的年金 ── 公的年金等控除 ── 雑所得 ✕（※4）

○ その他収入 ── 必要経費 ──

○ 退職金 ── 退職所得控除 ─ ×1/2(※1) ─ 退職所得

○ 山林収入 ── 必要経費 ─ 50万控除 ─ 山林所得

○ 配当収入 ── 負債利子 ── 配当所得(※2) ✕（※4）

○ 特定公社債等の利子収入 ──────── （特定公社債等の）利子所得（※2）

○ 上場株式等の譲渡収入 ── 取得費等 ── （上場株式等の）譲渡所得（※2）

○ 土地等の譲渡収入 ── 取得費等 ── （土地等の）譲渡所得

○ 利子収入 ──────── 利子所得

損益通算

損益通算

（注1）主な収入を掲げており、この他に「先物取引に係る雑所得等」などがある。また、各種所得の課税方
（注2）各種所得の金額及び課税所得の金額の計算上、一定の特別控除額等が適用される場合がある。
（※1）勤続年数5年以下の者が支払を受ける退職金（法人役員等以外の者が支払を受ける退職金につい
　　　　2分の1課税を適用しない。
（※2）「配当所得」、「特定公社債等の利子所得」及び「上場株式等の譲渡所得」については、一定の要件（
　　　　「上場株式等の配当所得」については、申告する際、総合課税（配当控除適用可）と申告分離課税の
　　　　「上場株式等の譲渡損失」と「上場株式等の配当所得」及び「特定公社債等の利子所得」との間は損
（※3）23歳未満の扶養親族や特別障害者である扶養親族等を有する者等については、平成30年度改正（
　　　　が生じないよう、所得金額調整控除により調整。
　　　　　給与・年金の両方を有する者については、平成30年度改正において行われた給与所得控除・公的
（※4）これらの所得に係る損失額は他の所得金額と通算することができない。

:組み（イメージ）

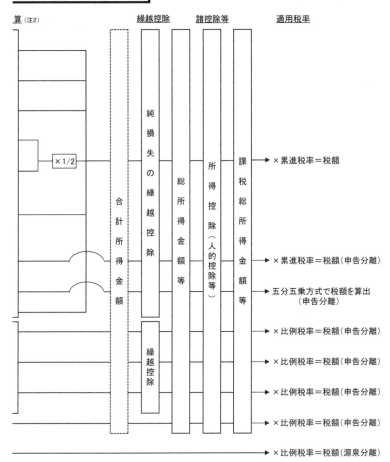

算 (注2)　　　　　　繰越控除　　諸控除等　　　適用税率

× 累進税率＝税額

× 累進税率＝税額（申告分離）

五分五乗方式で税額を算出
（申告分離）

× 比例税率＝税額（申告分離）

× 比例税率＝税額（申告分離）

× 比例税率＝税額（申告分離）

× 比例税率＝税額（申告分離）

× 比例税率＝税額（源泉分離）

法についても、上記の課税方法のほか、源泉分離課税や申告分離課税等が適用される場合がある。

ては、退職所得控除を控除した残額のうち300万円を超える部分に限る。）については、

の下、源泉徴収のみで納税を完了することができる（確定申告不要）。
いずれかを選択可能。
益通算可能。
において行われた給与所得控除額が頭打ちとなる給与収入の850万円超への引き下げによる負担増

F金等控除から基礎控除への振替による負担増が生じないよう所得金額調整控除により調整。

（出典）財務省ホームページ

6 寄附する

　昨今、個人が遺言によってNPO法人などの団体に寄附をしたり（いわゆる遺言寄附）、相続人が取得した相続財産を寄附したりと、寄附への関心が高まっているようです。

❶ 家を寄附するとき

　自分の財産を相続人だけではなく特定の団体に寄附して社会のために使ってもらいたい、または、自分には相続人がいないのでこのままでは遺産は国庫に帰属されてしまう、その前に自分の意思で寄附をしたい、など遺贈寄附に関心を寄せる人が多くなっています。

　寄附への関心の背景には、震災等を経て社会貢献の大切さが広く認知されてきたこともありますが、未婚化や少子化等による一人暮らしが増え、承継すべき相続人がいない、または被相続人と相続人が疎遠になってしまっているという現実もあると思われます。

　相続した家が慈善団体等によってギャラリーや宿泊施設などに活用されるのであれば、家のためにも良いことですが、寄附される側の事情もあります。生前に寄附先に相談される方が確実です。

　また、相続財産の一部または全部を相続人以外に寄附をすることで、相続人の遺留分を侵害してしまうことにも注意が必要です。付言事項に記載しても相続人が必ずそうしてくれるとは限りません。遺留分を確保した遺言を作成することを心がけましょう。

　寄附を受ける側の条件もあるため、どの家も寄附ができるわけではありませんが、公益目的として活用できる余地があるのであればNPO法人など公益団体に寄附することも選択肢のひとつになるでしょう。

② 寄附と税金

　遺言で遺贈寄附の意思表示をする場合と、相続人が相続取得した後にその財産を寄附する場合では、税務の取り扱いが異なります。さらに寄附をする財産が不動産などの現物資産の場合は、みなし譲渡所得課税など課税関係は複雑になります。

　自分亡き後、使われなくなった自宅を空き家活用の運動をしている団体に寄附をして、地域の活性化に寄与したい、空き家になった故郷の実家を取り壊して土地を地域の市町村や団体に寄附したいなど、寄附をめぐる税金の取り扱いについて見ていきましょう。

①　遺贈寄附

　遺言で、特定の団体などに寄附をする意思表示を示して実行された場合、寄附を受けた法人側は受贈益が生じますが、原則として相続税の課税はありません（※）。

　また、寄附をする財産が不動産など現物資産の場合で、その資産に含み益がある場合には、被相続人の準確定申告において、みなし譲渡として所得税の課税関係が生じます。ただし、一定の要件のもとで公益法人等に寄附をした場合には、非課税とする特例があります。

　なお、寄附先が国等や公益法人の場合、被相続人の準確定申告で、寄附金控除の適用があります。

（※）その遺贈寄附により、遺贈した者の親族その他これらの者と特別の関係がある者の相続税の負担が不当に減少する結果になる場合には法人を個人とみなして相続税課税されます。

② 個人が公益法人等に寄附をした場合

遺贈を受ける法人が公益法人などで、⑴その寄附により公益の推進に著しく寄与するものであること、⑵2年以内に公益目的事業に供することまたは見込みであること、⑶その寄附によって寄附者や親族等の相続税や贈与税が不当に減少することがないことの要件を満たす場合は、国税庁長官の承認を得た上で、みなし譲渡課税は課税されない非課税措置があります。

また、家を有効活用するという目的からは外れますが、特定資産買換えの特例制度も設けられており、国税庁長官への一定の手続きをすることで、公益法人等が受け入れた家屋を売却して有価証券などに買い換えて公益目的事業の用に直接供することでも非課税となる措置も講じられています。

上記に該当しない場合には、時価で譲渡したものとみなされ、相続人は、被相続人の準確定申告において譲渡所得の申告納税義務を負います。この場合、財産は法人が寄附により取得する一方で、所得税は相続人固有の財産から負担しなければならないということになります。この対策として、準確定申告の譲渡所得税相当額は法人が負担する「負担付遺贈」の形をとることが考えられます。

③ 相続人による寄附

相続人が相続で取得した財産を寄附した場合には、一旦、相続税の課税対象に組み込まれた後で寄附をすることになります。居住用不動産を相続で取得した相続人が寄附をする場合は、一定の要件を満たすことで3,000万円の特別控除の適用ができます。P.141をご覧ください。

ただし、相続または遺贈により取得した財産を国や地方公共団体や特定の公益法人等に相続税の申告期限までに寄附した場合、その財産は相続税の課税対象とはしない取り扱いが設けられています。

第
3
章

★☆ワンポイントアドバイス★☆ ─────────────────────

特定遺贈

　特定の財産を対象としてする遺贈のこと。これに対して包括遺贈とは、遺産の全部または割合で示す遺贈で、包括遺贈は債務も引き継ぐ。

寄附金控除

　個人が国や地方公共団体等、特定公益増進法人などに対し、一定の寄附を行った場合に、所得税の寄附金控除を受けることができる。公益社団法人等に対する寄附金で一定の要件を満たすものについては、所得控除に代えて税額控除の適用を選択することもできる。

○寄附金所得控除額＝（寄附金の額合計（総所得金額等の40％限度）－2,000
　　　　　　　　　円）

○寄附金税額控除額＝（寄附金の額合計（総所得金額等の40％限度）－2,000
　　　　　　　　　円）×40％（政党等寄附金特別控除の場合は30％）

　税額控除は所得税の額の25％が上限となる。

7　取り壊す

　一般に、中古住宅が建っている土地よりも更地にした方が売りやすい、といわれます。相続した家が売れず、借り手がなく、活用には踏み切れないとなると、土地として売却または土地活用を考えることになるでしょう。

❶ 家を取り壊すとき

　土地の売買または活用のために、家を取り壊すことによって、空き家に伴うリスクがなくなります。

　しかし、一旦解体してしまうと元には戻せませんから、手順は慎重に踏まなければなりません。

　まず、建物がなくなると住宅用地ではなくなりますので、固定資産税の小規模宅地等の特例が適用されず、通常の税額になってしまいます。地価の高い所ほど差額が大きくなりますので、よく比較検討してください。

　そこは再建築不可の土地ではありませんか？　接道条件を満たしていないなどで、既存不適格の建築物だった場合は、接道などの不適格状況を改善しない限りは、改修工事をしながら住み続けることはできても、一旦壊すと再建築ができません。新たに建物を建てずに済む活用方法に限られることになるので、要注意です。

　また、解体費用や整地費用のことも含めて検討しましょう。土地として売るための費用と、空き家のまま保有している費用を比較します。空き家の状態がひどく、崩れたり「特定空き家等」や「管理不全空き家等」に指定されたたりしそうな場合は家の取り壊しを急ぐべきですが、更地にしたものの売れずに高くなった税金を払い続けることにならないように、できるだけ売却の当てをつけてから取り壊しましょう。

土地の売却も難しい場合、または土地として保有しておきたい場合は、土地活用を検討しましょう。

　古い住宅地の中ならば、駐車場や倉庫を建てる場所が足りないという近隣の方に貸すという方法があります。

　道路付きの良い土地やまとまった広さがある土地ならば、貸地としての需要があるかもしれません。

　立地によっては有料駐車場、レンタル農園、コインランドリー、トランクルームなどを経営できるかもしれません。建物を活用する場合と同様にサブリース方式（P.182参照）もありますし、自身でフランチャイズ方式で経営するなどを考えられます。新たな用途での使用が可能かどうか用途地域の制限を確認し、農地にする場合は地目変更などの条件を確認しておきましょう。

❷ 空き家に係る譲渡所得の特別控除

　第3章P.141で述べた、「居住用財産の譲渡所得の特例（3,000万円特別控除）」は、あくまで自分が現在住んでいる、または住まなくなってから3年以内で一定の要件を満たしている住宅とその敷地が対象でした。

　空き家の譲渡特例とは、亡くなった人が一人で住んでいた住宅とその敷地の両方を相続した人が、自分で住まずに、一定の耐震改修工事をするか更地にするかして譲渡した場合に、譲渡所得から3,000万円を控除できるという制度です。空き家のまま放置されることを防ぐ効果を狙ったものといえます。この制度は令和9（2027）年12月31日までの譲渡が対象とされ、相続の開始があった日から3年を経過する日の属する年の12月31日までの譲渡に適用できます。

　要件を見ていきましょう。

空き家の譲渡特例の要件

項目	内容
家屋	以下のすべての要件を満たすもの ○昭和56年5月31日以前に建築された建物であること ○区分所有建物ではないこと ○相続開始の直前において被相続人が一人暮らしであったこと
譲渡対価	1億円以下であること
その他	①耐震基準に適合する工事を行って譲渡する場合（※1） 　相続時から譲渡するまで居住や事業、貸付けの用に供していないこと ②全部の取り壊しを行って更地にして譲渡する場合（※2） 　相続時から取り壊しおよび譲渡するまで居住や事業、貸付けの用に供していないこと （※1）譲渡の日の属する年の翌年2月15日までの間に耐震基準に適合

	することとなった場合を含む（令和6年1月1日以後の譲渡より） （※2）譲渡の日の属する年の翌年2月15日までの間にその全部の取壊しもしくは除却がされ、またはその全部が滅失した場合を含む（令和6年1月1日以後の譲渡より） ③相続又は遺贈により3人以上の相続人が取得した場合は、特別控除額は2,000万円（令和6年1月1日以後の譲渡より）

　なお、この制度と「相続財産を譲渡した場合の相続税額の取得費加算制度」とは選択適用です。

　被相続人が、要介護認定または要支援認定を受けて、相続開始直前まで老人ホーム等に入所していた場合でも、被相続人の物品の保管場所として利用していて、他の用途に供しておらず、他の人の居住の用にも供していない場合には、この特例の適用が可能です。

　通常の「居住用財産の譲渡所得の特例（3,000万円特別控除）」（P.141）では、譲渡年の前年または前々年に、この特例や特定居住用財産の買換え特例、居住用財産の買換えの場合の譲渡損失の損益通算及び繰越控除、特定居住用財産の譲渡損失の損益通算及び繰越控除の特例を受けている場合には適用を受けられませんが、この「空き家に係る譲渡所得の特別控除」の適用を受ける際にはこれらの特例との併用は可能です。また、住宅ローン控除とも併用適用ができます。

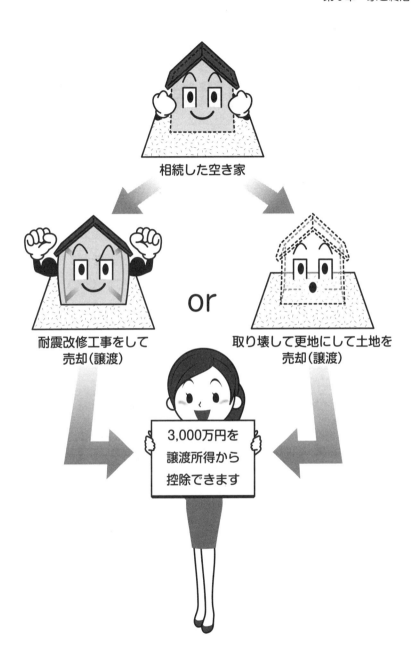

相続した空き家

耐震改修工事をして
売却（譲渡）

or

取り壊して更地にして土地を
売却（譲渡）

3,000万円を
譲渡所得から
控除できます

❸ 低未利用土地等を譲渡した場合の長期譲渡所得の特別控除

　都市計画区域内にある長期保有（その年1月1日において所有期間5年超）の土地等で、十分利用されていない土地等（低未利用地）を譲渡した場合に、譲渡所得から特別控除として100万円を控除できる措置があります。

　これは、低未利用地を売却しても、そのために要する測量費や解体費用に合わない、などの理由で放置されがちな空き地の売却を促すための税制です。令和2（2020）年から創設されましたが、令和5（2023）年税制改正で譲渡対価が500万円から800万円以下と要件が緩和される一方、譲渡後に認められる利用方法としてコインパーキングが除外されました。

　要件は以下のとおりです。なお、譲渡期限は令和7（2025）年12月31日です。

低未利用地	都市計画区域内（用途地域が定められている区域に限る）または所有者不明土地対策計画を作成した市町村の区域にある低未利用地（居住の用、業務の用その他の用途に供されておらず、または地域において利用の程度が著しく劣っていると認められる土地等として市区町村の確認がされたもの）で、買主が利用意向を有することについて市区町村の確認がされたもの。
要件	1．その個人の配偶者その他一定の特別の関係がある者に対してする譲渡でないこと。 2．その上にある建物等を含めた譲渡対価が800万円を超えないこと。 3．この特例の適用を受けようとする低未利用土地等と一筆であった土地から前年または前々年に分筆された土地またはその土地の上に存する権利について、前年または前々年にこの特例の適用を受けていないこと。 4．売った土地等について、収用等の場合の特別控除や事業用資産を買い換えた場合の課税の繰延べなど、他の譲渡所得の課税の特例の適用を受けないこと。
譲渡期限	令和7年12月31日

第4章

家の活用

　本章は、家を相続したDさんのようなオーナーが、「空き家」にしない方法を考えるために設けました。決定打はありません。けれど、そのままにしていては個人にも社会にも多大な損失です。

　家の余生を考えるヒントとして、新しい活用の潮流や、試行錯誤で新しい「家生」を見つけた例をご紹介します。家族のプライベートな場所であった家が、地域や社会に開かれ、オーナーや利用者に様々な出会いや価値をもたらしています。家が賑わい、家のある街が賑わい、新たな人を呼び込むという循環です。新たな役目を得て「第二の家生」を楽しんでいる家と、住む人も訪れる人もいない「空き家」とは、対極にあります。

1　活用を考えるための ポイント

　空き家の相続者には、"空き家をどうにかしなくては"と焦る気持ちと、"家族との思い出を残しておきたい"気持ちの葛藤があることでしょう。しかし、手放すことが難しいためであれ、手放したくないためであれ、所有を続けて活用するとなると、その家をどう使って、費用をどうするのか、という方針を考えなくてはなりません。

❶ 家の活用に向き合う

　「住む家」から「使われる家」へと視点を変えていくために、次の3つの点から考えてみてください。

①　この家はどんな家？

　所有している家屋の立地や建築物としての特性を客観的に理解して、それを活かすような整備・管理をすることで、他者に活用される可能性が生まれます。「どんな家屋なのか」「どんな場所なのか」「同様の家だと家賃はいくらか」などは、家の終活を検討する際の基本情報です。それを踏まえて、「どんな人が使いたいだろうか」「どんなふうなら使えるだろうか」と、使う側の立場からも想像してみます。

②　ここはどんなまち？

　故郷とはいえ、既にそこを離れてしまった相続人の場合は、その地域の最近の情勢には疎くなっているでしょう。また、ずっと住んでいる人でも、異なった世代や境遇の人と知り合う機会は乏しいかもしれません。そんな

状況では、どんな人がどのように使いたがっているか知りようがありません。し、いきなり見知らぬ人に大事な資産を貸すこともできません。知り合いや信用のおける組織や行政が借り手を紹介してくれるという方が安心ですし、活用に本腰を入れるきっかけになるでしょう。逆の立場でも同様で、家屋を探しているとしても、どんな物件がありそうか、どんな大家さんなのか気になるでしょう。無論、紹介者も、双方のことをよく理解していなければ、紹介してもよさそうだと思いません。

　もしも、自分の所有している家屋を使ってほしいと思うならば、人に会う機会を作り、地域のことを知ろうとすることです。それが、自分や家のことを知ってもらうネットワーク作りになります。そして家を使ってもらいたい気持ちが伝わると、ネットワークを介して紹介の機会が訪れるかもしれません。

　場合によっては、地域をよく知り仲間ができたことをきっかけに、賃貸ではなく、自分自身で家を役立てる新たな案を考えるようになるかもしれません。

　もちろん、地元の不動産屋さんの活用も重要です。お付き合いのない不動産屋さんに、いきなり媒介などを依頼するのはハードルが高いので、まずは相談から始めてみてはいかがでしょうか。空き家の無料相談会を行っている自治体もありますので、専門家のアドバイスをもらう機会として利用しましょう。

③　私の望みは？

　オーナーの意志を明確にするのが大事です。賃貸収入をどれくらい期待するのか、自分自身で物件の管理運営をするのか、管理をどこかに委託したいのか、収入はあまり期待できなくても運営を任せたいのか（P.181参照）、貸すのではなく自営でしてみたいことがあるのか、地域のために役立つ使われ方を望むのか、買い取りたい人がいたら売るのか、このまま所

有して子どもに相続してほしいのかなど。条件次第の部分はあるでしょうが、方針がぐらつくと、信用をなくして良い話が舞い込まなくなりますし、あれこれ手を出すと、結局無駄金を使うことになります。

❷ まちづくりとの関わり

家は地域・まちと共に生きており、家の活用とまちづくりはリンクしています。空き家の活用方法としては、オフィス、店舗、ギャラリー、教室・スタジオ、イベントスペース、福祉施設や民泊等が考えられますが、地域のニーズに合っていなければ、それらの事業も賃貸借も成立しません。空き家を活用する動機を基本にして検討しましょう。

① シェア型住まいとして（4章ー②P.184参照）

家を住まいとしての機能を中心に活用することは、大規模な工事を伴わず取り組みやすいのですが、家族とではなく他人と住む家にするためには、普通の借家とは異なった工夫が必要です。まず地域のニーズを探ります。どんな人が家を借りたいと思っているでしょうか。そして、使う人の目的に合った運営方法を考えます。適した住まいがない人にとってはセーフティネットとなり、様々な人が住みやすいまちになります。

② 仕事場として（4章ー③P.191参照）

家を家として使わず、地域の身近な「仕事場」として提供するならばどうでしょう。第2章でも触れましたが、「新しい働き方」の推進やコロナ禍によって、働き方の多様化が進み、今までは「特殊な事例」と見られていたことが、どんどん当たり前になりつつあります。地域内で新しい働き方ができることによって、今まで働きづらかった人々が積極的に社会参加するようになると、地域の活力が増すでしょう。

③ 移住のために（4章ー④P.197参照）

現役世代の移住には家と仕事が必要です。特に、雇用されるのではなく

移住先で自営する場合は、どんな家に住むかも重要ですが、仕事が成立するかは大きな問題です。そして、仕事が軌道に乗り継続しなければ、住み続けられません。家が仕事場を兼ねる場合は、それが可能な家であることが家探しの条件です。どんな家があるのか、どんな人が来たがっているのか、双方の情報をマッチングさせる仕組みや、自営を支援する体制が必要です。新たな住民の定着は、地域の活気につながります。

④　宿泊施設として（4章－⑤ P.207参照）

　家を、家自身の持つ魅力を活かした宿泊施設にする民泊は、引き継いだ資産（宝）を活用する良い方法です。ゲストは、ホテルや旅館とは異なり、住まうように泊まるという体験を楽しむことができます。他の人にとっても宝ならば、ビジネス化できるわけです。地域を構成する建物やロケーション、生活文化を、地域資源として自立的に保存することができます。

⑤　カフェを始める（4章－⑥ P.213参照）

　家を「住む」「貸す」ためではなく、お客様が憩い、集まるための場「カフェ」として使うという例もあります。もともと家は寛ぎの場という役割を持っていますが、「集まる」機能もあります。家族が集まるリビングルームは、家じゅうで一番広い部屋です。昔の家では、障子や襖を外すと大きな部屋となり、そこで冠婚葬祭を行ったそうです。今や核家族化が進み、自宅に多くの人を招くような機会は少なくなり、オンラインで世界中の人と顔を見ながら会話できる時代になりました。とはいえ、直接人に会いたい、新たなことに触れたいという欲求が尽きることはなく、そのような場への潜在的なニーズがあるようです。家族や仲間の協力を得て、家をカフェに変身させて、地域を楽しく豊かにすることができれば素敵ですね。

家もまちを形づくる大事な要素!!

❸ 増改築のための確認

　築年数が経った家屋を利用するためには、傷みを修復するリフォーム工事は不可欠です。賃貸物件にするならば、価値を上げる工事（リノベーション）が必要かもしれませんし、住宅以外の用途に転用する（コンバージョン）場合は、用途に合わせた工事や手続きが必要です。

　必要な手続きを怠ると、営業許可や融資・補助金を受けられない、賃貸借契約を結べないといった問題等が発生しかねません。

　また古い建物には特有の問題があります。しっかり確認して、活用の目途を立ててから、本格的な設計に着手しましょう。

①　建物や土地の書類・図面はあるか

　各章でもふれましたが、どんな土地や建物を所有しているかがわかる売買契約書・重要事項説明書、建物の設計図書（図面等）、建築確認の確認済証・検査済証があるかどうか、増改築を行った建物はその改修図面や確認済証・検査済証があるかどうかを、まず確認します。

②　用途地域に適合しているか

　活用したい用途が、都市計画法の用途地域に適合することが必須です。

③　既存の建物が建築基準法に適合しているか

　建築士と共に、建物が①の図面・書類と合っているか、建築基準法に適合しているかを確認します。建築基準法は、昭和25年の制定以来何度も改定されていますので、建築時と現在ではルールが変わっていることが多く、プロの知識を要します。既存建物の場合、建築確認の完了検査を受けた後に行った工事によって、建築基準法違反になっていることが少なくないよ

うです。

・建築確認の検査済証がない場合……検査済証を紛失していたり、取得し
　たかが不明である場合は、自治体の建築指導課で確認しましょう。その
　建物が当時の建築基準法に適合していると証明できないと、新たな増改
　築の建築確認申請を、原則受け付けてもらえません。

・違反建築物の場合……建設した当時の建築基準法に適合しておらず、建
　築確認の完了検査も受けていない建物において増改築を行うときは、違
　反部分をなくし、現在の建築基準法に適合するように設計しなくてはな
　りません。

・既存不適格建築物の場合……現在の建築基準法には適合していないけれ
　ど、建設当時の法律には適合しており「違反建築物」ではないため、増
　築・用途変更・大規模修繕等を新たに行わない限り、リフォームを行う
　ことができます。

④　建物以外の現状を把握する

・設備やインフラ……傷み具合や仕様・規格、引き込みルート

・不用品の種類や量

・庭や外周部……広さ、道路との接続

・敷地境界……境界標、越境物

⑤　建築確認申請が必要か

　増築の場合、防火地域に指定されていない敷地で10㎡以下の増築であれ
ば、建築確認申請は不要ですが、それ以外は必要です。

　また、用途変更をする際には、床面積200㎡以上への変更の場合と、特
殊建築物（※）への変更の場合は、建築確認申請が必要です。戸建て住宅
を店舗やシェアハウス、ゲストハウス等にコンバージョンする場合は該当
します。

建築確認は、用途に適した安全な建築物を建てさせるための制度です。制度の趣旨にのっとり、③に記したような場合や老朽化などのリスクを、増改築の際に修復することができれば、建物の寿命も延びます。例えば、増築ではなく減築で、建物の負荷を軽減するという手法もあります。

（※）学校、体育館、病院、劇場、観覧場、集会場、展示場、百貨店、市場、ダンスホール、遊技場、公衆浴場、旅館、共同住宅、寄宿舎、下宿、工場、倉庫、自動車車庫、危険物の貯蔵庫、と畜場、火葬場、汚物処理場、その他これらに類する用途に供する建築物

⑥　建築確認以外の手続きも確認する

　必要となる保健所や消防署、自治体への手続きを調べておきます。

❹ 活用の方法を考える

①　建物の賃貸

　建物を賃貸する場合には、オーナー自身で直接管理運営する方法と、専門会社を利用する方法があります。

【直接管理】

　建物を賃貸する際、賃借人の当てがある場合は直接賃貸借契約を結ぶ方法もありますが、賃借人探しからとなると、不動産会社に頼むのがよいでしょう。不動産会社に貸主の代理として借主探しから契約までを依頼する方法（代理）と、貸主と借主の間に立つ仲介業務を依頼する方法（媒介）があります。媒介契約については、売却の場合（P.129参照）と同様、3種類（専属専任媒介契約、専任媒介契約、一般媒介契約）があります。

【管理委託】

　賃貸物件を所有するということには、賃借人との連絡や賃料の入金確認、建物・設備のメンテナンス等の管理を行うことが必須です。そこで、直接管理するのではなく、管理委託契約を結んで不動産管理会社などに管理業務を委託するという方法があります。遠隔地に住んでいる場合や、契約・管理業務に不慣れな方などの助けになります。しかし、管理委託をするにしても、オーナーとしての最低限の業務として、管理委託料の支払いや税務申告はつきものです。

【サブリース】

　住宅以外の建物へコンバージョンして建物を活用したビジネスを経営するには、家を賃貸するよりもまとまった資金が初めに必要であり、事業経験のない方には、難しいでしょう。活用はしたいが賃貸経営は専門会社に任せて、不動産オーナーとして妥当な賃料がもらえればよい、と

第4章

いう方にはサブリースという方法もあります。オーナーとサブリース会社は借り上げ契約を結び、サブリース会社は建物を使った事業を行います。住宅のまま賃貸住宅を転貸する事業をしている法人もあれば、デイケア施設、ゲストハウス、シェアハウス、シェアオフィスなど様々な分野で、オーナーを募集しています。利回りの良さに惑わされないで、改築・修繕費用の負担のしかたや、家賃保証の内容などをよく検討しましょう。

賃貸方式の比較

	直接管理方式	管理委託方式	サブリース方式
オーナーの管理業務負担	重い	軽減される	少ない
収支の特徴	経費を抑えられる	管理委託費を支払う	（3種類のうちでは）オーナー収入が低い
空室のリスク（収入の安定性）	不安定	不安定	サブリース契約の内容によっては軽減
その他	入居者と直接コミュニケーションできる	委託する範囲は、会社や契約で異なる	管理業務とセット

② 自己活用

　建物に思い出があり、そこの良さを最も知っているからこそ、自分自身で活用したい、事業を始めたいという方もいらっしゃるでしょう。地域に役立てたいという方もいらっしゃるかもしれません。他の物件を借りて家賃を払うくらいなら、自己所有物件で開業した方が開業資金を節約できる、というメリットもあります。地元のネットワークも使えます。空き家がまちづくりやセカンドライフを通して生き返った事例は本章の最後でご紹介します。

③　新しいビジネスモデル

ICTの技術とインターネットを使って、所有ではなく利用させるというビジネスモデルが拡大しています。

【シェア】

シェアリングエコノミーが活発化しています。「シェア」は英語のShareです。共有する、分配するなどの意味があり、住まいを共有するシェアハウスの「シェア」や、SNSで気に入った投稿や情報などを「シェア」するというように、日常的に使われるようになりました。自分で占有することにこだわらず、利用できることの方を重視したり、共有し分け合ったりすることでの心の豊かさを大事にする考え方です。

インターネットを通じて、個人が所有する資産を他人に貸し出したり共有したりするシェアリングエコノミーサービスも数々登場し、住まい、車、自転車、服、バッグ他いろいろあります。従来「レンタル」では会社が揃えたものを貸し出しましたが、シェアリングエコノミーサービスは、持ち主と使う人を結びつける発想から始まり、共有しているものを会員として利用するタイプのものも登場しています。

【サブスク】

所有しないで利用したい分だけ利用するサブスクリプション（subscription、通称：サブスク）という方法もあります。料金を支払った人が、製品やサービスを一定期間利用することができる形式のビジネスモデルのことです。動画や音楽の配信サービスのようにデータやソフトウェアを利用するデジタル領域で主要なサービスでしたが、最近は洋服や家具、車、サプリメントや食品など、多様な製品に対象が広がっています。

第4章

2 住まいのシェア方法

❶ シェアハウスとして

　シェアハウスは複数の人が共同で住む家のことです。海外で学生など若い人たちがルームシェアという住まい方をして、家賃を節約しているのが知られていましたが、日本でも空き家や空き室を利用する例が増え、「シェアハウス」という言葉が認知されるようになりました。下宿やアパートと異なるのは、住まいを安く確保できるだけでなく、他者と一緒に住む暮らし方を楽しめるという点です。さらに、賃貸住宅を借りにくい人々（住宅確保要配慮者）のために、シェアハウスを整備する制度（住宅セーフティネット法（※））もできました。空き家を改修する費用や家賃債務保証料の補助などが受けられます。

　住宅をシェアハウスにする場合には、複数の人と使うことを前提に、プライバシーやセキュリティに配慮した改築が必要になります。まず建築の用途を「寄宿舎」に変更します。そして「寄宿舎」としての建築基準法や消防法等の法令に合致する対応が必要になるので、建築士や自治体、消防署等へ相談したうえで取り組みましょう。

　シェアハウスで懸念されることは、共用部の部屋や設備を複数の入居者で使うことによるトラブルです。生活ルールを設定して、契約の際にはそのルールに従う同意を求めておくことが重要です。

　入居者は一般の賃貸住宅と同様に賃貸借契約を結んだうえで住みますが、運営方法としては直接方式（家主と入居者の間で賃貸借契約、家主自身が運営管理）、管理委託方式（家主と入居者の間で賃貸借契約、管理運

営を業者委託）、サブリース方式（家主と管理運営業者の間で賃貸借契約、管理運営業者が入居者に転貸）が考えられます。

賃貸方式の比較

	直接管理方式	管理委託方式	サブリース方式
オーナーの管理業務負担	重い	軽減される	少ない
収支の特徴	経費を抑えられる	管理委託費を支払う	（3種類のうちでは）オーナー収入が低い
空室のリスク（収入の安定性）	不安定	不安定	サブリース契約の内容によっては軽減
その他	入居者と直接コミュニケーションできる	委託する範囲は、会社や契約で異なる	管理業務とセット

（※）「住宅セーフティネット法」とは、「住宅確保要配慮者に対する賃貸住宅の供給の促進に関する法律」の略称。平成17（2005）年に改正され、今後増加が見込まれる住宅確保要配慮者（高齢者、障害者、外国人、子育て世帯など）のための住宅を確保し（住宅の登録、登録住宅への補助）、円滑な入居を図る（NPO等による居住支援、家賃債務保証）ための制度が強化された。

❷ 小規模な介護施設として

　以下にご紹介する小規模な介護施設は、空き家を活用して設置することも可能です。施設の整備や運営には、福祉政策上の様々な助成を受けることができます。しかし、様々な経験、資格、知識が必要ですので、空き家オーナー単独で取り組むのはハードルが高いでしょう。資格を取得するなど時間をかけて準備する余裕はないけれど、そのような用途に家を役立てたいと思われるならば、介護事業等を運営している法人への貸し出し（サブリース契約）や、建物の寄付なども検討してはいかがでしょうか。

①　グループホーム

　グループホームは、高齢者や障害のある方が、専門知識を有したスタッフの援助を受けながら入居者同士で補い助け合い、共同生活をするタイプの介護福祉施設です。一般の介護施設とは異なり、入居者それぞれの能力や特性に合わせて、料理や掃除などの役割を分担しながら、共同生活を営むことが特徴です。

　大規模な介護施設は地域から離れた場所にあることが多く、高齢者・障害者・障害児はどうしても社会から孤立しやすいという難点がありますが、地域内にある小規模な施設であれば地域住民との交流がしやすい、職員の目が届きやすくサービス向上が期待できるというメリットがあります。

　そこでグループホームは5〜9人を1ユニットとし、1つの施設につき原則2ユニット、18人までの入居とされており、職員の入れ替わりも少なく、住み慣れた家に近い環境であるため、入居者が落ち着いて生活をすることができます。

　新築でなく「空き家」を活用する場合は、民家としての良さを活かすことができますが、次のような要件があります。

> **グループホームの要件**
>
> ・建築基準法での「寄宿舎」となり、用途変更に加えて様々な対応が
> 必要
> ・居室は基本的に4.5畳以上の1人部屋
> ・居室を5～9人分用意し、入居者各々の介護度・支援度に合わせて
> 部屋割り
> ・共有施設（食堂、台所、トイレ、洗面設備、浴室）が必要
> ・入居者が安全に暮らせるよう配慮し、バリアフリーで死角がない作り
> ・職員の執務スペース、倉庫などが必要
> ・消防設備（消火器、スプリンクラー設備、自動火災報知設備、火災
> 通報装置、誘導灯など）を設置
> ・避難経路の確保

②　サービス付き高齢者向け住宅

　サービス付き高齢者向け住宅（通称：サ高住）とは、スタッフによる「安否確認」と「生活相談」のサービスを受けながら、自宅とほぼ変わりない自由度の高い暮らしを送ることができる賃貸住宅です。介護認定なしの方や介護度が低い方を対象としていますが、必要に応じて訪問介護など外部のサービスを個別に契約して受けることができます。バリアフリー対応で、介護士や看護師などのスタッフ常駐が必須ですが、常駐場所が500m以内の別の建物でもよいという規制緩和により、分散型サ高住が可能となり、空き家や空き室を活用しやすくなりました。

③　小規模多機能型居宅介護施設

　民家を活用した障害のある人などの生活の場としては、小規模多機能型居宅介護施設も考えられます。小規模多機能型居宅介護施設は、介護度が中重度となっても要介護者が在宅で生活を継続できるように支援する、小

規模な居住系サービスの施設です。デイサービス（通い）を中心に訪問介護やショートステイ（泊まり）を組み合わせて、在宅での生活の支援や機能訓練を行うサービスを、１つの事業者と契約するだけで利用できます。馴染んだスタッフによって連続性のあるケアが行われ、地域の中で利用者同士が交流する場にもなります。

❸ 多拠点居住サービスの事例

　シェアハウスをより進化させた興味深いビジネスモデルがあります。一例として、株式会社アドレスが提供している多拠点居住サービス「ADDress」をご紹介しましょう。

　このサービスは、株式会社アドレスと賃貸借契約を結んだ会員が、全国にある拠点の部屋に滞在し、他の会員と共同利用する（シェア）ことができるという定額サービス（サブスク）です。多拠点居住を楽しむ人々は「アドレスホッパー」と呼ばれています。いつもとは違う環境で暮らすという非日常を体験してリフレッシュを図ったり、第二のふるさととして楽しんだり、全国各地の別荘代わりにしたり、将来の移住先を探したりなどに活用されています。多拠点での居住経験を促すために、1拠点での滞在は1回に7日までとなっています。2019年4月に始まったサービスですが、コロナ禍でリモートワークが進み、都市を離れて仕事や余暇を楽しむワーケーション需要も高まったことから、利用者が増えており注目されています。

　サービス拠点は全国250か所以上ある様々な家です。家を提供するオーナーは、株式会社アドレスとサブリース契約を結びます。リフォーム工事を行い、そこで会員が生活するために必要な家具、電化製品、台所用品、寝具等やWi-Fi環境を整える費用は、オーナーの負担です。

　拠点の管理運営は、家守(やもり)が行います。家守は会員同士や、会員と地域をつなぐ地域コミュニティマネージャーです。予約対応・受け入れ対応、家（共用部）の清掃管理・リネン類の洗濯、家や地域の魅力発信を行います。オーナー自身が家守となってもよいですが、他の人に家守を依頼することもできます。家守となっている人の個性や、企画する交流イベントの魅力に惹かれてリピーターがつき、関係人口の増加や移住など、地域の活性化

につながる成果も出てきています。

　オーナーにとっては、空き家が活用され収入が入るだけでなく、会員として審査を受けた人のみが利用するシステムなので安心して利用させることができるというメリットがありますが、会員との交流や家守同士の交流などが楽しめ、やりがいを感じられることも、大きく評価されているようです。会員として楽しんでいた方が、オーナーや家守になった場合もあるそうです。

あるADDress会員の感想

　フリーのシステムエンジニアをやっているが、東京は地価が高いし疲れる。仕事と仕事以外の部分のバランスが悪化すると、仕事にも影響が出る。ではどこがいいのか？　いろいろな地域に住んでみることによって、自分に必要なことがわかってくるのではないかと思い、ADDressを始めた。自分に環境をぶつけて試している感じ。いろいろな家に住んでみたことがなければ「好みの家」はわからないでしょう？　だから行くことができれば、どんな所、どんな家でもいいんです。

（株式会社アドレスHP：https://address.love/）

3　新しい働き方のために

❶ 仕事場の変化

　シェアは、個人のライフスタイルにとどまらず、ビジネススタイルにも広がりました。シェアオフィスやシェアアトリエなど、１つの建物や部屋を１人の借主だけで使うのではなく、会社や個人が複数で仕事のために使いあっています。

　コワーキングスペースもあります。「co」は共同の、共通の、相互のという意味の英語の接頭語です。シェアが所有するものについての言葉であるのに対して、coは共に行うことについて使う言葉です。コワーキングスペースには、限定した利用者（会員等）用もあれば、誰でも利用できる施設、そしてそれを混合した施設があります。ドロップインという言葉に象徴されるように使いたいときに気軽に使えるため、特定のオフィスを持たない創業前の方やフリーランスの方、ノマドワーカー、在宅ワーカーなどテンポラリーな使用者に利用されています。施設によって様々な特徴があり、各種交流イベントやセミナーなども実施されています。

　このようにシェアやコワーキングによって、場所を保有する費用を軽減できるのも効果のひとつですが、「組織や場所に縛られることなく、自由な発想で新しいものを生み出そう」「様々なものに出会い、ビジネスのやり方や働き方までも変えよう」というクリエイティブな欲求により、仕事をする場に対する意識も変化しているのです。

コワーキングスペースの一例。フリーアドレスのデスクや交流のスペースがある。

❷ テレワーク（リモートワーク）

　少子高齢化という課題をどうやって乗り越えるのか。「まち・ひと・しごと創生長期ビジョン」が閣議決定されたのは2014年の年末でした。その頃、徳島県神山町の事例が注目を集めていました。ITベンチャーがサテライトオフィスを開設したことをきっかけに、山間の過疎地に若者やクリエイティブな人材の移住が続いている様子は、情報化時代の理想の姿として映りました。しかし、サテライトオフィスを活用したテレワークによる「働き方改革」の実現は、まだ一部の業種に限られたものでした。

　ところが2020年、新型コロナ感染症のパンデミックにより、暮らし方も仕事のしかたも大きく変わったのは周知のとおりです。感染を避けながら「新しい生活様式」を実践して仕事や生活を続けていくためには、それまでの常識にとらわれてはいられませんでした。ICTをフル活用してコミュニケーションすることが一気に普及し、時間や場所を有効に活用できる柔軟な働き方「テレワーク」「リモートワーク」が広がり、会社を辞めずに地方に移り住む「転職なき移住」、ワーケーションなどによる「関係人口の増加」、東京圏企業による「地方サテライトオフィスの設置」など、都市部から地方への人の流れが加速しました。

　「地方創生テレワーク」だけでなく、都市部での働き方も大きく変わりました。「テレワーク」や「リモートワーク」をサポートする施設が増えたこともあり、通勤日数を減らし在宅等リモートでの勤務を主体にした働き方や、本拠以外の施設を利用したフットワーク優先の働き方などがしやすくなりました。さらに副業制限の緩和も進んでいます。感染予防で加速した変革ですが、多様な働き方が可能になることで、一人一人の能力を活かす方法も多様になっているのです。

第4章

テレワークサポート施設の比較

	サテライトオフィス	シェアオフィス	コワーキングスペース
特色	自社専用ワーキングスペース	ワーキングスペースを他社等とシェアする有料オフィス	ワーキングスペースをシェア。交流スペースとしても活用
設備	自社環境が整備されている	会議室や専用ブースを借りられる施設もある	カフェやイベントスペースを併設している場合もある
費用	高い	単独サテライトオフィスよりは削減できる	利用者負担は安価
利点	都心部：移動にかかる時間を短縮 郊外・地方：通勤・出張の時間とコストが節約できる。ワークライフバランス向上	社外の人との交流ができ、サポート機能も利用できる 自宅等よりも集中できる	多様な利用者との交流によって、新しいアイデアやパートナーとの出会いなどが期待できる
欠点	拠点によって格差が生じやすい	フリーアドレスの場合は、機密漏洩がないように注意が必要	交流重視のため、シェアオフィスよりは、仕事に集中しづらい

❸ 共同オフィスとして

　会社員以外で自宅で仕事をしている方は、自宅の住所を公表することや、外来者やスタッフが自宅に出入りすることを、プライバシーの確保のために避けたいと思うことが多いのではないでしょうか。個人事業者や創業した方等です。マンション等の規定で事務所として使えない場合もあります。しかし自宅以外にオフィスを構えるとなると、一般の事業用賃貸物件は家賃や敷金が高いので、簡易な共同オフィスが利用できると助かるでしょう。

　戸建て住宅は、そのような方々の小規模共同オフィスに向いています。大部屋がなく居室が多いからです。居室をそれぞれのオフィスにして、リビングは応接室や休憩室として使い、台所、トイレ・洗面室なども共用できます。

　このように空間をシェアする場合は、利用料等を徴収することを考慮してリフォームしたり、ルールを作ったりすることが必要になります。新たな電気配線、エアコン、インターネット回線やWi-Fi、セキュリティシステム、ゴミ捨て場、駐車・駐輪場、個室ごとのドアの鍵や配電盤、利用者別の郵便受けやインターホン等があると、使いやすくなるでしょう。

　しかし、オーナー側の初期投資が大きくなるため、資金が回収できるか不安になります。すべて新しくして高めの賃料にするのか、設備の更新を優先して内装には費用をかけず低めの賃料にするのか、最低限の設備にして賃料を安く抑えるのか、慎重な判断を要します。周囲に同様の施設があるか、どのくらい利用されているか、地域に利用したい人がいそうか、しっかりリサーチしましょう。

　シェア型のオフィスでは、同じ建物を利用することでコミュニティができることが期待されます。建物をシェアするだけでなく、機器をシェアしたり、協業や紹介しあうことは、ビジネスチャンスを広げ、相互の成長に

つながります。その施設を退去してからも、そこでできた仲間意識はずっと続くことでしょう。

共用備品のイメージ

左：休憩室やゴミ回収など、共同化で負担を減らせる。共用部分の管理や清掃などを入居者自らの当番制や担当制にするやり方もある。
右：郵便受けは個別に必要。セキュリティのため、施錠できることが望ましい。

4　移住者の仕事場兼住まいの事例

① 陶芸家の引っ越し先

　アトリエ兼住居探しのために「たくさん中古住宅を研究した」という陶芸家に、経験談を聞かせてもらいました。空き家が活かされるまでには、どのような観点やプロセスがあるのか、参考にしてみましょう。

　陶芸家として20年のキャリアを持つMさんは、最初はマンション住まいで、マンションの部屋で成形した作品を陶芸グループの共同窯で焼成していましたが、そのうち自宅マンションの近くに自分専用のアトリエを持ち作陶するようになりました。しかし、家族の都合で引っ越すことになり、新たな住まい兼アトリエを探し始めました。

　夫婦二人で住むだけの家探しならば、難しくはなかったでしょう。しかし、愛用の電気窯を置いて作陶できるアトリエを家に備えるには、中古住宅をリフォームや増築することから、新しい家を建てることまで含めて検討することになり、時間がかかりました。引っ越し先の町の中で対象地域を絞り、中古物件、土地物件、新古物件の情報を1年半ほど、くまなくチェックしました。まずはインターネットでのリサーチ。同じ物件でも不動産サイトによって条件が異なる場合があるので、気になった物件は比較しながら詳細に調べました。最終的には地元の不動産屋に頼み、立ち会い見学を繰り返してじっくり検討し、中古物件の購入を決めました。

　決め手については、「築50年と古く、1年ほど空き家でもあったので、あちこち傷んでいたけれど、深い軒や玄関周りの石段・擁壁に、和風建築ならではの趣を感じ、手を入れると面白くなると思った」と中古住宅ならではの観点を挙げられました。古びることは決して欠点ではなく、むしろ魅力にもなるというおもしろさに、前にアトリエを持った際に目覚めたそうです。さらに、「何よりも、電気窯がちょうどいい具合に

納まる蔦に覆われたブロック小屋を見たときは、まさに『呼ばれた』と思った」と。時間をかけてとうとうお宝を見つけ出されたのです。雑木林が近い自然豊かな環境も、ほぼ希望どおりだったようです。

　物件の売買契約をする頃、建築業者探しを始めました。中古物件なので建築士立ち会いで購入を決めるのが理想的でしたが、購入希望者が他にもいたので、納得する金額になったところで物件を決めました。建築会社は、不動産会社から紹介された大手ハウスメーカーと、自分で探した地元の建築会社のそれぞれの建築士と話してみたうえで、専属の大工がいる地元の会社に決めました。

　家の傷みがひどかったので、建築士からの提案を受けて、間取りと構造は活かしつつ、全面的に改修するスケルトンリフォームとなりました。8か月の工事の間は近くに仮住まいし、細かい打合せを重ねながら、大工の丁寧な仕事をじっくり見ることができたのもよかったそうです。

　晴れてアトリエ付きの家に入居し、作陶も始めたＭさんに、転居前との変化を聞いたところ、自宅にアトリエがあることで、いつでも作陶できるようになったことがよかったと挙げられました。以前は、自宅マンションとアトリエを行き来する必要があったために、帰宅すると翌日行くまでは作業を中断せざるを得ず、効率が悪かったのです。

　Ｍさんは、新古にかかわらず家自体の持つ魅力を見定めるという、ものづくりをするアーティストとしての感性と、直して住むという合理性の両方をお持ちでした。そのおかげで、新しい「家生」を得られた家が1軒あるのです。

① 庭の小屋に窯がぴったり納まった。

② 思い立ったらすぐに形にできる環境が整った。

（P.199イラスト：島袋典子）

❷ パン職人の独立物件

　窯の話が続きますが、空き家の保有者から物件を借りた、パン工房「Panezza」のケースをご紹介しましょう。

　料理人として独立することを夢見て、イタリアへ修業に行った角谷さんが、ローマ郊外の町ジェンツァーノで出会ったのが、薪窯で焼くイタリアパン。伝統的な製法によって作られており、素朴でナチュラルな小麦粉本来の味わいでした。角谷さんは、料理をさらに美味しく引き立てるイタリアパンに惹かれ、それを焼く職人として生きていくことに決めたのでした。

　帰国後は、栃木県益子町にあったイタリアパンの工房に勤めながら、独立の場所を探していました。薪窯でパンを焼くためには、それに適した場所と建物を探さなければなりませんでした。

　薪を焚くと煙が出るので、市街地は向きません。パンを焼く窯を作れて、薪の保管場所のある建物が必要でした。周囲で薪が調達できる所なら、なお好都合でした。

　また、窯を作るための事情もありました。益子で知り合った窯の職人さんが、窯を作りに通える範囲内でなければなりませんでした。

　さらにお客様へのアクセスも考えなくてはいけません。角谷さんの得意先候補はレストラン等の飲食店であり、遠隔地には宅配便を利用しますが、できれば得意先には直接納品に行きたかったのです。

　これらの条件を満たす場所で、物件を探さなければなりませんでした。住むための移住とは異なり、事業をするための移住は、事業投資を伴います。時間と労力を注いで、費用を一旦投入したら、簡単に手放すわけにはいきません。否が応でも慎重になります。

　候補となりそうな場所に出かけて、物件を探しました。最初は、益子からの距離を考慮して、知人の縁をたどりながら筑波山麓で探しました。2年くらい通いましたが見つかりませんでした。空き家はあるのですが、貸すには消極的であることが、徐々にわかってきました。

　知人の助言もあり、茨城県石岡市八郷地区で探し始めました。何軒かあたってみて、こちらもやはり直接交渉では難しいと感じ、地元の不動産屋に行ったところ、今の物件に出合いました。家を相続したオーナーは地元に住んでおらず、管理を頼まれた人も管理を続けるのが困難になって、賃貸物件になっていました。オーナーと直接話して、賃貸借契約を結ぶことができました。

　本格的な準備に移りました。益子の工房は辞めて、アルバイトをしながら、建物のリフォームと窯作りに集中しました。

　そして2013年、築100年の古民家でForno a legna Panezzaがオープンしました。予定どおりレストランへのパンの卸売りを始めると、レストランで食べたことをきっかけに店舗へ買いに来るお客様も増えました。わざわざ遠くから来るお客様のために、個人宅への通信販売も始めました。6年後には、カフェも始めました。パンを買いに来たお客様から「近くにレストランはないか？」と聞かれることがよくあったため、地元食材を使った料理やコーヒーを、パンと共に提供しています。

　移住や古民家探しについて、角谷さんに相談に来る人もいるそうです。まず現地に足を運ぶことと、紹介してくれる人や仕組みの活用を勧めているといいます。

　八郷地区は、首都圏に近いのに桃源郷のようなのんびりとした雰囲気があり、人気スポットになっています。そこで古民家とイタリアパンという組み合わせはインパクトがあり、それを狙った立地のように見られがちです。できればそうなってほしいという望みは、あったかもしれません。しかし角谷さんの話を聞いていると、それが主眼ではなく、窯が設置できる立地と空間を優先して、たまたまこうなったのではないかと思いました。いつまでに叶えたいのか、費用はいくら用意できるのかを踏まえ、優先順位を明確にし、妥協すべきところは妥協しながら、独立の夢に向かってじっくり取り組んできた結果です。このような空き家の使われ方もありますので、「どうせ使う人などいないだろう」と先に諦めないで、賃貸物件として情報を"見える化"することが大事です。

古民家の母屋が店舗とカフェに。店名のPanezzaはパン（Pann）
＋ピッツァ（Pizza）という角谷さんの造語。Panezza公式ホームペー
ジ→https://panezza.jp/

古民家の蔵に築いた薪窯で焼かれる、本場のイタリアパン。地域の
マルシェなどへのイベント出店で知り合ったお客様も多い。

❸ 新規就農

　農業移住の場合は、家よりも農地の確保、未経験者の場合はそれよりもまず、農業技術の習得と販売の目途を立てることが優先されます。ここでは、新たに農業を始める人が家や土地を得て地域に根付くまでの仕組みを紹介します。

　❷で紹介したパン工房もある茨城県石岡市の八郷地区では、有機農業研修生を受け入れるJAやさとの制度「ゆめファームやさと」が、1999年年から続けられています。

　この制度は、有機栽培の農業者育成を目指していること、既婚者で家族単位での応募が条件であること、年齢制限が比較的高いこと（現在は49歳）、そして実践型研修でありそれを支援する体制があることが、特徴として挙げられます。

　茨城県は首都圏に新鮮な野菜類を供給できる場所にあり、遠隔地方よりも競争力があります。しかし野菜は、天候や病虫害等に左右されて生産が安定しにくいにもかかわらず、単価が安い商品であり、値崩れもひどく、離農する農家が少なくないという現実が制度が作られた当時も今もあります。

　一方で有機栽培に関しては、消費者の安全・安心や健康への志向が強い、慣行栽培に比べて単価が高い、輸入食料が増える中で国産への信頼性が高い、というポテンシャルがありました。当時、既に生協等への販売チャネルを持っていたJAやさとでは、新たな農家を増やすことで首都圏のニーズに応えられる生産地としての力を高め、農業経営を安定させようと、「ゆめファームやさと」制度が始められました。

　有機栽培はいきなり始められません。有機栽培のできる土壌が必要で、その農地が有機認証を受けないと、有機農産物（※）として販売できません。制度を始めるに先立つ1997年、既に有機野菜の栽培に取り組んでいる生産者らで有機栽培部会を立ち上げ、共同出荷を始め、研修用の農場を準備しました。

　この制度は先生もカリキュラムもないばかりか、いきなり研修農場を渡される実践型なので、何でも自主的に取り組まなければなりません。試行錯誤で慣れない農作業に励んだとしても、結果が伴わない場合が多いことは、容易に想像できます。一人で

取り組むにはあまりにも辛く孤独です。だから良いことも悪いことも分かちあえるように、家族での応募を条件としたのでしょう。

　この制度を始めて20年以上が経ち、研修を経て独立した先輩たちが、有機栽培部会のメンバーに加わっていき、研修生の育成にも関わっています。研修生にとってみれば、年齢が近く、同じような経験をした先輩たちなので、相談しやすく心強いといいます。相談の内容は、農業のことだけでなく、生活や子育て、地域の方とのお付き合いにまで及んでいるそうです。

　「ゆめファームやさと」の研修期間は２年です。研修２年目が終わるまでには、独立後の農地を確保しなくてはなりません。新規就農で最も困難なのがこの問題です。農地を賃借、売買するには、農業委員会の許可が必要だからです。農業の実績がない他地域からの移住者では、さらにハードルが上がります。住宅についても、研修中はアパート暮らしで十分ですが、農業を仕事にしていくためには農地の近くに住み、農機具なども保有する必要があるので、既存の農家を借りたり、購入・新築したりしなければなりません。どこのどんな畑がよいか、所有している人は誰か、周辺に貸してくれそうな家や宅地はあるかなど、有機栽培部会のメンバーからの情報が重要です。そして、実際に賃貸・売買の手続きを進めるには、JAや自治体から支援を受ける仕組みがあります。

　こうして、今や有機栽培部会の８割のメンバーが、地区外からの参入者になっています。このような取り組みが評価されて、第52回（令和４年度）日本農業賞において、JAやさと有機栽培部会が「集団組織の部大賞」を受賞しました。

（※）有機農産物とは

　　　土壌の性質に由来する農地の生産力を発揮させるとともに、農業生産に由来する環境への負荷をできる限り低減した栽培管理方法を採用したほ場において、

　　・周辺から使用禁止資材が飛来し又は流入しないように必要な措置を講じている

　　・種播き又は植付け前２年以上化学肥料や化学合成農薬を使用しない

　　・組換えDNA技術の利用や放射線照射を行わない

など、「有機農産物の日本農林規格」の基準に従って生産された農産物のことを指します。

この基準に適合した生産が行われていることを第三者機関が検査し、認証された事業者は、「有機JASマーク」を使用し、有機農産物に「有機○○」等と表示することができます。

(出典)農林水産省ホームページより

ゆめファームやさと新規就農研修制度(令和4年度)

① **実施主体:JAやさと(茨城県やさと農業協同組合)**

② **研修生の資格**

・既婚者で家族単位の応募

・年齢は49歳まで

③ **募集人員:1年に1家族**

④ **研修期間:2年間**

⑤ **条件**

・有機栽培に取り組む

・研修を始めるまでに軽トラックを用意する

・研修終了後は八郷地区内で就農する

⑥ **内容**

・研修生は栽培から販売までを自分で行う。栽培に必要な技術は実技を通して身につける

・JAやさと有機栽培部会の活動に参加し、学びたいことを自ら積極的に指導農家のもとへ行き勉強する

・研修農地(1.5ha、有機認証済み)や農機具・資材は無償貸与される

・研修中は就農準備資金の給付が受けられる

・栽培した作物は、研修期間中もJAやさと有機栽培部会を通じて出荷できる

・JAやさと担当者が生産工程管理者となり、出荷をサポートする

・研修期間中、独立後の農地を探し、有機JAS認証の準備を進める

・農地の確保はJAやさと等がサポートし、地権者との利用権設定がスムーズに進むよう図る

第4章

JAやさと有機栽培部会の皆さん。子どもが増えて、どんどん賑やかになっている。

地元の直売所でも小売り販売されているが、共同出荷の90%以上は契約栽培。

5　新しいツーリズムの　宿泊施設として

❶民泊の普及

　民泊とは、個人が所有する不動産物件を宿泊施設として利用することを指します。Airbnbのような民泊の利用者を募集するためのウェブサイトが物件の所有者と利用希望者の仲介を行っているケースや、不動産会社が民泊を運営し独自に顧客を募集するケースなどがあります。

　昨今民泊が増えたのは、インバウンド需要が急増したことが影響していますが、それに伴い無許可の施設における近隣トラブルの発生等が問題視されていました。また、東京オリンピックを控えて宿泊施設の不足への懸念もあり、ルールを見直し、良好な宿泊施設を増やすことが求められていました。そこで、個人が所有する建物を活用しやすくすることを目指して住宅宿泊事業法（通称：民泊新法）が平成29（2017）年に成立しました。

　これにより空き家や遊休不動産をゲストハウス等に転用する動きが広がり、ホテルや旅館とは違ったローカルな楽しみ方ができる宿泊施設として、外国人旅行客を中心に人気を博しました。また、このような民泊によって、単なる空き家の活用や宿泊施設としてだけではなく、地域の活性化や文化の継承など社会的な貢献の事例も知られています。

　民泊新法では、3種類の民泊事業者に対して、届出または登録を求めています。

＜3種類の民泊事業者とは＞
・住宅宿泊事業者……民泊サービスを行おうとする者。都道府県知事への

届出が必要。

・住宅宿泊管理業者……家主不在型の住宅宿泊事業者から委託を受けて、住宅宿泊管理（衛生確保措置、騒音防止のための説明、苦情への対応、宿泊者名簿の作成・備付けの措置等を行う）を営もうとする者。国土交通大臣への登録が必要。

・住宅宿泊仲介業者……住宅宿泊事業者と宿泊者との間の宿泊契約の締結の仲介を行おうとする者。観光庁長官への登録が必要。

　空き家を民泊として貸し出すためには、建物を改修して宿泊者が最低限の生活ができるような住宅設備を整えることが必要です。また、消防設備の設置が義務付けられており、最低でも誘導灯と自動火災報知機の設置が必要です。

　他者から空き家を借りて民泊ビジネスを始める場合は、空き家の所有者から、転貸の許可を得ることが必要となります。

★☆ワンポイントアドバイス☆★

民泊の所得税

　個人が空き家などを旅行者などに貸す民泊の利用が増えている。

　この民泊に係る所得は、不動産所得ではなく、原則として雑所得となる。これは、宿泊者の安全等の確保や一定程度の宿泊サービスの提供が民泊の提供者に義務付けられており、利用者から受領する対価には、部屋の使用料のほか、寝具等の賃貸料やクリーニング代、水道光熱費、室内清掃費、日用品費、観光案内等の役務提供の対価などが含まれていると考えられ、一般的な不動産の貸付けとは異なることによる。

　民泊事業は雑所得に区分されることにより、不動産所得のように給与所得等との損益通算は認められないことに注意が必要。

民泊の比較

	民泊	特区民泊	簡易宿所（ゲストハウス、ドミトリー）
法律	住宅宿泊事業法（民泊新法）における届出施設	国家戦略特別区域法における外国人滞在施設経営事業施設	旅館業法における簡易宿所営業施設
定義	人の居住の用に供されていると認められる家屋において、旅館業法上に規定する営業者以外の者が人を宿泊させる事業	外国人旅客の滞在に適した施設を賃貸借契約等に基づき一定期間使用させるとともに、滞在に必要な役務を提供する事業に供する施設	宿泊する場所を多数人で共用する構造および設備を主とする施設
利用形態	一棟丸ごと貸し出しから家主居住型まで多様。家主不在型の場合または家主居住型であって居室数が6以上の場合は管理委託が必要	一居室を丸ごと貸し出し	主に一居室を多数人で使用
滞在および営業日数の制限	年間180日以内（宿泊させる日数）	2泊3日以上（最低滞在日数）	制限なし
建築基準法上の用途	共同住宅、寄宿舎、一戸建て、長屋		ホテル・旅館
住居専用地域での営業	可能（条例により制限の場合あり）	可能（自治体によって制限の場合あり）	不可
最低床面積	3.3㎡/人	原則25㎡/室	33㎡。10人未満の場合は3.3㎡/人
許認可	都道府県への届出	（指定された）都道府県への認定申請	都道府県への許可申請

❷ 民泊の事例紹介

　ここでは、所有している家を民泊に活用した方の例を紹介しましょう。

【海の家】

　しおみさんが、実家を海の家「しおみハウス」として貸し出そうと、民泊事業者に
なる手続きをしたのは、2018年、母親が亡くなって4年目のことでした。民泊新法が
できたばかりで、県内でも初めてのケースにあたり、県庁の担当者もあちこちに確認
しながらの対応だったそうです。火災警報器や消火器などを備えて消防署の検査を受
けるなど、所定の手続きをして、Airbnbへの登録も完了しました。

　家は、話題の瀬戸内しまなみ海道の橋を望む場所にあるとはいえ、周囲に利便施設
もない町はずれにあり、どんな人が泊まってくれるのかトライアルだったといいます。

　「1日1組限定の海の家。庭でのBBQや釣りやサイクリングなどスローライフをお楽
しみ下さい」というインターネットの紹介文に惹かれて、少しずつ予約が入り始めま
した。スタートした2019年は、ちょうどインバウンド景気で日本中が沸いており、し
おみハウスも7割が外国からのゲストで活況を呈しました。そしてコロナ禍。外国か
らのゲストがいなくなった代わりに、密を避けようと日本のゲストの利用が増えました。

　しおみハウスでは、初めのうちは朝食を提供していましたが、ほどなくしてやめた
そうです。この家を利用する人たちが求めていることがわかったからです。ひろびろ
とした景観と建物があるだけ。あえて「何もしないことがおもてなし」なのだと。1
日中海を見ているだけというゲストもいれば、仲間や家族と一緒に海や庭で気兼ねな
く楽しむゲストもいて、好きなように時間を過ごせることがここの魅力なのです。も
ちろん本当に「何もしない」のではなく、適切な距離を持って見守り、やりたいこと
ができるようにサポートしています。Airbnbでは、ゲストもホストもレビューによっ
て評価しあう仕組みになっているので、とても参考になるそうです。

　しおみハウスの魅力には、この家に対するしおみさんの母のポリシーが効いています。

　瀬戸内海に直接面したその家は、以前は洋風の建物でしたが、しおみさんの父を家

族で看取った後、32年前に母が自分の妹と住むために建て替えたものです。老後を過ごすための家だったらこぢんまりとしているだろうという想像とは反対に、12畳2室と20畳の3つの和室や檜風呂がある、2階建てのゆったりとした和風の建物です。しおみさんの母は商家に生まれ、ずっと商売に携わってきた方。とにかく人と関わることが好きで、「年をとってからこそ大きな家を建てると、人が来てくれる」という考えだったそうです。

そして、「（漁家ではなく）こんなに近くに海がある家は、海外のリゾートにもない」と、誰よりもこの家の価値を評価している方でした。隣地が売却されると知るや、娘たちにそこを買うように勧め、現在しおみさんは隣に住んで、この民泊の管理人をしています。

父が外国航路の船長であったことから、幼い頃から海外を身近に感じて育ったしおみさんは、渡航経験も多く、ヨーロッパで古い家が手入れされながら使われ続けていることに感銘を受け、Airbnbの会員になって海外の家に滞在する経験もしました。民泊を始めたのは、母から継承した事業をしおみさんが息子に引き継いだ頃で、民泊への時代の求めもあり、ちょうど良いタイミングだったようです。

これから民泊に取り組む人のために、しおみさんへアドバイスを求めると、「人が好きでないとできない」との返答。予期せぬトラブルもあるけれど、それを上回る多様な交流や体験があります。この開放的な家を建てた母の戦略を引き継いだオーナーライフを、「家に居ながら、海外旅行をしているよう」と楽しんでいるのです。

ロケーションが良いため、CM撮影などにも利用されている。

ゲストには、BBQの道具や自転車などを貸し出している。

目の前を大小の船がゆっくりと通り過ぎる。天気の良い日は、瀬戸内しまなみ海道の橋や島が見渡せる。

6　家からカフェへの変身 事例

❶ カフェ兼福祉事業所

茨城県北部の静かな山里に、心落ち着くカフェがあります。

ここを運営しているのは菊池正則さん一家。正則さんの生家であるこの家が、カフェ兼福祉事業所として変身するまでの話を伺いました。

正則さんは、林業や農業を営みながら代を重ねてきた一家の次男として生まれました。長じて隣町に住まいを持ち、生家には両親と兄が住んでいました。ところが、父と兄が相次いで亡くなったため、高齢の母の一人暮らしとなり、姉と交代で母の介護に通う日々が始まりました。

実家に通うようになって改めて見ると、家の内外に物が溢れていることに驚きました。現在カフェとなっている母屋以外にも、古民家や倉庫などが建っていましたが、もともとあった家財道具に加えて、父や兄が収集したものや、古くなった家電や農機具があり、空間を圧迫していました。そうこうするうちに、田畑の手入れが気になり無理をした母が、怪我をして入院。車いすで暮らせる環境が整わず、「家に帰りたい」と願いながら亡くなってしまいました。

生家を相続することになった正則さんは、母の願いを叶えられなかった悲しみを抱えつつ、一族が残した歴史ある家や土地をどうしたらよいのか悩みました。そして、「とにかく物を減らさなくては」と動き始めました。毎日実家に通い、詰まっていた物を軽トラックに積んで運び出したのです。しかし、その処分方法では途方に暮れたといいます。自治体の清掃センターでは思ったほど引き受けてくれませんでした。処理方法が見つからず敷地内で焼却を始めたところ、市役所から注意を受けました。自治体による回収では、決められた種類の物しか出せません。何度も何度も清掃センターに

第4章

通ううちに、民間の産廃処理施設を教えてもらい、物の処分が済むまで2年かかった
といいます。捨てた物の中には、高価な専門書や道具などもあったはずですが、それ
を吟味する余裕はありませんでした。当時を振り返る正則さんは、「空き家は空いてい
ないんだ。物でいっぱい！」と、つらかった体験談を結びました。

　物の処分をしていると家の傷みも見つかり、修理が必要だと考えて、知り合いの建
築士に相談しました。屋根の劣化が進んで雨漏りをしており、床には穴が開いていま
した。かなり大掛かりな修理が必要な状況で、まとまった費用がかかると思った建築
士は、「今後この家をどういうふうに使う予定ですか？　直す前に、ご家族とそれを考
えませんか？」と勧め、妻の登茂子さんも交えて、相談を始めました。

　正則さんは、山登りが趣味でした。相談しているうちに、山登りの技術を教えたい、
里山歩きのために泊まれる場所にできないだろうか、山小屋風になるといいな、とい
う希望が出てきました。

　登茂子さんには、障害がある人やその家族が、相談のために気軽に立ち寄れる場所
を作りたいという夢がありました。特別支援学校や社会福祉協議会で、障害児やその
家族のために長年働いてきたので、リタイア後に、そんな場を自宅以外で設けられな
いものかと考えていたのです。

　二人の夢を聞いて、建築士は簡易宿所に改築するプランニングに取り掛かり、将来
カフェを始めることも可能な設計をし、工事に着手しました。並行して、登茂子さん
による相談支援事業所の開設準備も進み、特定相談支援事業と障害児相談支援事業の
指定を取得し、知的障害者・障害児の来所相談や訪問相談を始めました。

　簡易宿所「山里舎」がオープンして、障害者の就労施設に勤めながら両親を手伝っ
ていた娘の真澄さんの中にも、夢の芽が育ち始めていたようです。真澄さんは、「山里
舎」を障害者が仕事を通じて社会とつながれるカフェと作業所にする提案をしました。
そして、1年後には独立して、就労継続支援B型事業所の指定を受け、家族共同での「山
のcafe SaSahara」が本格始動しました。その際、簡易宿所はやめましたが、前回の工
事によって、カフェや作業所として利用できる建物の条件を満たしていました。就労
支援施設としては、カフェのサービスや厨房のスタッフ、焼き菓子製造、木工雑貨の

制作、農作業等の仕事を提供している他、説明・体験会の日を設けて相談にも応じています。正則さんも作業所の指導員として、またカフェのスタッフとして、お客様や施設利用者との交流を楽しんでいるそうです。

　実家の相続をきっかけにして、家族で将来について話す機会を持たなければ、単純に空き家の修理工事で終わってしまうところでした。それぞれが抱いていた夢も、胸の中にしまわれていたままだったかもしれません。しかし、話をしたときはまだ架空の話だったことが、建築士らの力も借りて、とうとう現実になりました。紆余曲折はありましたが、母屋は、開放的で居心地の良い空間へと生まれ変わり、新しい使命を吹き込まれました。隣に建っていた古民家は、劣化が激しいため解体してしまいましたが、その跡地は駐車スペースとして活用されています。

　カフェとしてオープンして3年。インターネットや人づてに知った人が、ぽつりぽつりとやって来るようになり、一日中過ごす人や、お気に入りのテーブルを予約するリピーターもいるそうです。なんとこのカフェに来たお客様の2組が地区内に別荘を建てたそうです。

　ここに人が訪れるようになったことで、地元育ちの正則さんや近隣の方々に、変化が生じたといいます。かつては「何の魅力も感じられない地域」だと諦めていたけれど、自分たちの住む地域に自信を持てるようになったという言葉も聞け、カフェで使う米を作ったり、草刈りなどの環境整備をしたりと応援してくれるそうです。

カフェへの変身ポイント

・改築をきっかけに家族各々の想いや望みを知った

・家族で協力すればできることがあった

・家族だけでなく建築士と共に建物と利用のイメージを具体的に描いた

・何のためのリフォームか明確になってから施工した

・物の処分を始める前に、処分方法やサポートに関する情報が必要だった

木のぬくもりを感じられるテーブルや座卓は、正則さんのお手製。

玄関から入った部分は、三角天井と板壁で山小屋風。

手入れされ美しい田園風景。この風景を眺められるよう、屋外にもイスが用意されている。

❷ コミュニティスペース

「にほんの里100選」に選ばれた茨城県石岡市の八郷地区には、茅葺きの民家が約45棟現存しており、里山らしい心休まる風景を求めて訪ねる人は多く、移住してくる人も少なくありません。茅葺きなどの古民家は、今も住居として住まわれている家もあれば、飲食店などに利用されているものもありますが、人々が交流するブックカフェとして再生した例もあります。

「BookCafeえんじゅ」の代表である木崎さんは、カフェのある集落内に住んでいます。「この古民家を借りて使ったら面白そうだ」という妹の発案で、8年前に築70年の家を親戚から借りることにしました。まず片付けと大掃除が必要でした。何年も人が住まずにいたため荒れており、手間と時間のかかる作業でしたが、「古民家再生なんて面白そう」と、娘の友人たちも都会から手伝いに来てくれました。安全のため電気配線は新しくしましたが、使わなくなった家具や調度品を持ち込み、できるだけお金をかけずに整えました。

整備が済んだところで友人たちを招き、読書会や趣味の活動をする場にしました。ゆっくりできると好評で、皆がなかなか帰りたがらない様子を見ていた木崎さんは、この家の力に気づき、「家をもう少し地域に開いていこう」と決心しました。

そこで、近所に住む野村さんに、「来た人にコーヒーを出してもらえませんか」と声をかけました。野村さんは、千葉県内の自宅と八郷の二拠点居住をしていますが、八郷に友人、知人がたくさんいるからです。賛同した野村さんは、隔週2日ずつ（現在は毎週土曜日）行くことにし、その日はブックカフェとして古民家を公開することにしました。

ところで、木崎さんは本と縁が深い方です。中学校の国語の先生だった木崎さんは、退職後も知人と読書会を続けており、蔵書をカフェにたくさん置いています。子育て中のお母さんたちに自分の時間を持ってもらいたいと、子どもを遊ばせながら古典等の日本文学に触れる「大人のための国語の会」も主宰しました。そして妹さんは作家・

漫画家で、ここで原稿を執筆することもあります。木崎さん姉妹が発起したことで「本」というテーマができ、誰でも時間を気にせずにゆっくりできるようにと、「ブックカフェ」と銘打つことになったのです。

　カフェの利用者はじわじわと増えました。最初は顔見知りが中心でしたが、相談に来た移住者や移住希望者の話を聞き、必要に応じて紹介などをしているうちに、誰かとつながれる場だと知られるようになりました。次第に人の輪が広がり、今はずいぶん賑やかです。

　いろいろな分野の方がやって来て、興味深い話を聞かせてくれます。これはもっとたくさんの人に聞かせてあげたいと、月１回の「トークサロン」を始めました。地元の人とよそから来た人との直接的な接点になるばかりでなく、文化的な発信地にもなりつつあるのです。地元に住んでいても、世代や分野が違うと知らないことがあります。また、地域にたゆまず培われてきたことは、当たり前のことになっていて、意識されにくいものです。このようなことにスポットライトを当てて共有することで、地元の人と移住者との距離感が、少しずつ縮められているようです。

　アメリカの都市社会学者レイ・オルデンバーグが説いた「サードプレイス（第三の場所）」という概念があります。自宅や学校、職場とは別の居心地のいい居場所が、社会には必要だということです。そこには共通の関心を持つ仲間がおり、孤独や疎外感を感じにくくなり、市民同士の活動が活発になり、文化や心の豊かな社会を形成することができると。そのようなサードプレイスとして、特に都市部のカフェが注目されてきました。しかし、都市、農村の区別なく、人々にはサードプレイスが必要であり、地域コミュニティのために有効であると、この里山のブックカフェの成り立ちは示しています。

　カフェを始めて６年。木崎さんや野村さんがきっかけではありますが、この家に関わる人も増えつつあるようです。コーヒーマスターがもう一人加わり、今は週２日のカフェ営業になりました。展示や教室、サークル活動やミニコンサートなどの会場としても利用され、会場利用料をもらうようにもなりました。また、古民家の維持費用にと、寄付をする方も増えてきました。資金が増えたことで、家賃や光熱費等の維持

費用だけでなく、設備改修やプロジェクターなどの備品購入に充てることができました。少しずつ投資をし、新たな人が加わることで、またできることが増えていくでしょう。

　何といっても、この家自体の存在は大きいと考えます。寛げる大きな空間があることで、多くの人、本や知識、工芸品と文化などを包含できます。その家を包む里山環境もあります。これらが有機的に結びつきながら、循環しています。そして、ここが個人宅ではなく、カフェという開かれた場所であることが重要です。訪ねやすいのです。話を聞かせていただいた日にも、木崎さんの昔の教え子が来ていました。

　古民家再生により「家も活きた」が「人も活きる」ことになったと、木崎さんは嬉しそうに語られました。

コミュニティスペースへの変身ポイント

・家と人とで居心地を作る

・人と出会い、地域を知るために人が集まる

・コーヒーでおもてなし

・稼ぎながら少しずつリニューアルする

・まずは関わる人たちが楽しむ

第4章

家の前にある槐（えんじゅ）の老木にちなんだカフェの名前。

年10回開催するトークサロンの様子。コーヒーとお菓子付き。

眼前に広がる田園風景や草花、生きものが、四季折々に移り変わる。

あとがき

　新海誠監督映画『すずめの戸締まり』を観ました。主人公と共に旅をする「閉じ師」の青年は、人が使わなくなった寂れた場所に足を運んでは、まがまがしいものがこちらの世界に飛び出さないように空間の戸締まりをしている、という設定でした。その着想と、場所を悼み青年の発する祝詞に、共感を覚えました。

　何事も始める時には、勢いがあり華やかなお祝いムードです。家を建てる際には、地鎮祭や上棟式が知られています。しかし、使わなくなった場合はどうでしょう？私たちは、家についてしまい方を知らないで、使い始めてしまっているのではないか？そして、家の建つその場所のことをよくわかっていないのではないか？

　この問いへの答えのように「家にきちんとお別れをするセレモニーを始めた」という新聞記事を、先日読みました。空き家の問題をどうにかしたいと、様々なアイデアが形になり始めているようです。

　私が平田久美子さんと「家のライフサイクル」という視点で本作りを始めたのは、家を使わなくなったのならば、お返しして（誰に返しているのかは、ひとまず脇に置いて）、次の所有と利用が始まるという循環が、大事だと思ったからです。そのことを、家を持つときから意識していてほしい。要らなくなったからと、放りっぱなしにしないでほしい、と。

　ここで「捨て犬のように」と書こうとして、我が家で17年近く飼っていた犬を飼い始めるときに、子犬を斡旋してくれた方に、死ぬまで責任を持って飼うと誓約したことを思い出しました。ペットは人の都合で住む環境が決まりますが、家も同様です。それどころか、家は人が作って生みだしているのです。

　昨今、空き家の問題が取りざたされていますが、自分で使い尽くせないならば、他の人に託す。使い続けられない状態であるならば、処分する

222

（取り壊す）。家に限らず、物を所有するうえでの覚悟が必要でしょう。しかし、せっかく作られた物です。できるだけ長く使われてほしいです。勝手な感情移入かもしれませんが、家も物も何かしらの役に立ちたいのではないでしょうか。

　様々な「命」を大事にしたいですね。

　なお、本書に取り組むにあたっては、体験談を聞かせてくださった方々の協力をいただきました。とりやまあきこさん（一級建築士事務所あとりえ）、鯉渕健太さん（株式会社暮らし図・一級建築士）には、マイホーム作りや造改築についての理解を助けていただきました。この場を借りて御礼申し上げます。

2023年7月

人と家のセカンドライフ研究会
島袋 典子

〈著者紹介〉

人と家のセカンドライフ研究会

仕事も子育ても一段落する人生のセカンドステージを迎えるにつれ、家の役割も変化します。家の管理や活用方法についての学び合いの場を設けて、空き家に悩まない活気あるまちづくりに貢献したいと考えています。

詳しくはHP（www.tincl.com/project）やFacebookにてご確認ください。

島袋典子　有限会社つくばインキュベーションラボ　代表取締役

筑波大学第三学群（現：理工学群）社会工学類都市計画専攻卒業。2001年有限会社を創業し、民間インキュベーション施設を開設。ベンチャー・中小企業・クリエイターのサポートと並行して、地域活性化プロジェクトに関わり、調査や企画から事務局やイベントの運営までを担当した。2023年に、自然や農業の体験と交流の場作りを目指して、株式会社キッチンフィールドを設立し、農地の活用を始めた。

平田久美子　税理士・CFP®

筑波大学第三学群（現：理工学群）社会工学類都市計画専攻卒業。東京都庁勤務、2001年税理士登録、2006年東京都千代田区に平田久美子税理士事務所を開設。法人・個人の税務相談や税務申告業務の傍ら、執筆・セミナー等を手がけている。主な執筆に「相続税相談所」（中央経済社）、「老老相続」（清文社・共著）、「保険税務Ｑ＆Ａ」（税務研究会・共著）、「激変する既存住宅ビジネスと税制活用」（清文社・共著）、「JA共済あんしんサポートブック」（監修）、「事業承継の法律実務と税務Ｑ＆Ａ」（青林書院・共著）などがある。

空き家にしないために!!
戸建てのオーナーが知っておきたい 家のルールと税金

令和5年8月10日　初版第1刷印刷
令和5年8月31日　初版第1刷発行

（著者承認検印省略）

Ⓒ　著　者　人と家のセカンドライフ研究会
　　　　　　島袋典子
　　　　　　平田久美子

イラスト　かるゆき

発行所　税務研究会出版局

週刊「税務通信」発行所
　　　「経営財務」

代表者　山　根　　毅

〒100-0005
東京都千代田区丸の内1-8-2　鉄鋼ビルディング
https://www.zeiken.co.jp

乱丁・落丁の場合は、お取替え致します。

装丁　株式会社カラーズ
印刷・製本　三松堂株式会社

ISBN978-4-7931-2771-7

〔改訂版〕
社会保険・労働保険手続きインデックス

吉川 直子 監修・社会保険労務士事務所シエーナ 著
A5判／336頁　　　　　　　　　定価 **2,640** 円

従業員を雇ったとき、ケガをしたとき、出産したとき、退職したときなど、社会保険・労働保険の手続きが必要になる場面ごとにそのポイントと必要な手続き、書式についてすぐにわかるように構成。コンパクトにまとめつつ、実務で役立つよう最新の書式の詳細な記載例を多数収録。　　**2023年3月刊行**

経理業務のBPO（ビジネス・プロセス・アウトソーシング）活用のススメ
～新しい経理部門が見えてくる50のポイント～

中尾 篤史 著／A5判／260頁
定価 **2,200** 円

経理のBPOをすでに導入している方や、今後導入を検討している方、さらには経理部門の仕事の進め方、働き方等を多面的に考えている方のために、実際のBPOの現場で起きていることやBPOの実践的な活用術など実務に直結するテーマを解説。大企業、中小企業にかかわらず、経理業務に携わる方におすすめの一冊。　**2023年3月刊行**

もっとよくわかる
電子帳簿保存法がこう変わる！

松崎 啓介 著／A5判／266頁
定価 **2,200** 円

電子帳簿保存法の基本的な仕組みから改正の経緯、保存要件まで制度内容を詳細に解説するとともに、実務への影響についても説明しています。新たに電子帳簿等保存制度の導入を検討している法人企業の経理業務に携わる方、個人事業者及び顧問税理士にも役立つ一冊です。　　**2021年11月刊行**

〔第2版〕
これって個人情報なの？意外と知らない実務の疑問

稲葉 一人・阿部 晋也 共著／A5判／208頁
定価 **2,200** 円

個人情報を取扱う企業の方の実務に役立つ内容を、会話形式でわかりやすくまとめています。第2版では、2020年の個人情報保護法の改正を反映し、仮名加工情報、個人関連情報等新たに追加されたルールの解説、オプトアウトによる第三者提供の改正点についても触れています。一般の方でも不正な利用を未然に防ぐことができるようトラブル例と対処法を掲載しています。　**2020年12月刊行**

税務研究会出版局 https://www.zeiken.co.jp/

※ 定価は10%の消費税込みの表示となっております。